PRAYERBOOK HEBREW

The Easy Way

Second Edition

Joseph Anderson

Linda Motzkin

Jonathan Rubenstein

Laurence Wiseman

EKS | CLASSICAL HEBREW
EDUCATIONAL MATERIALS

Editor

Ethelyn Simon

Managing Editor

Joseph Anderson

Editorial Assistant

Alan K. Lipton

Consultants

Susan Rattray

Vardit Rispler

Alisse Seelig

Ruth Tsoffar

Bina Tsur

Book Design

Irene Imfeld

Cover Illustration

Margareta Slutzkin

0–939144–12–3

Third Printing July 1991

Office Address:
5346 College Avenue
Oakland, California 94618

Mailing Address:
P.O. Box 11133
Oakland, California 94611

510-653-5183

Introduction

The prayerbook (or Siddur) is the most widely-used book in Jewish life. *Prayerbook Hebrew the Easy Way* was written to make the Hebrew of the prayerbook come alive, and to present it so simply that it can be easily understood by the non-academic community. Though most prayerbooks now in use in English-speaking countries include an English translation, no translation can give the reader an immediate experience of the Hebrew. Our book is designed to give this experience of Hebrew to all who want it.

The book begins with the assumption that the student has already learned how to read simple Hebrew words. If the student cannot read simple words, or can only read with great difficulty, it will be necessary to learn or review the Hebrew alphabet and vowels before beginning. On page 264 is a list of books and study aids that are useful for this purpose.

All grammatical forms and patterns are introduced in everyday language. The book includes only those concepts that the learner needs to know. We have given just enough information to make the student comfortable with basic Hebrew forms of expression. As a result of this policy, we have avoided many details of Hebrew grammar, and some major points, that would be essential for a more scholarly understanding of Hebrew. This book is meant as an introduction to Hebrew. Only the simplest and most regular forms are introduced. The regular Qal pattern (the most common verb pattern) is presented in all its forms; but irregular verbs, and the other verb patterns, are not presented at all. Though the grammar is greatly simplified, we have been careful to present it as correctly and as consistently as possible.

This book teaches a vocabulary of 183 of the most frequently used prayerbook words. By counting the words in the most important prayers, we were able to make sure that each vocabulary word learned here would be of real value to the student. The words of the highest frequency are presented first. With each chapter, vocabulary words are added according to their importance and repetition in the prayerbook. The order in which we introduce the grammar is rather unusual, and is based on our evaluation of the frequency and importance of forms and concepts in the prayerbook. Our method of presentation will enable the learner to become most familiar with the words and grammatical forms found most often in the prayerbook. Even students who are unable to complete the course will take something of value from their study.

Each chapter presents a selection from the prayerbook in its original form with a translation from one of the authorized prayerbooks. Additional vocabulary is given with each prayer, to enable the student to translate the Hebrew literally. It is our hope that this will be a rewarding way for the learner to experience Hebrew directly. Beginning in Chapter 8, a selection of prayerbook phrases is given in each chapter, to provide additional practice in translating fragments taken directly from prayers. In Chapters 15 through 21 we take the learner step by step through several of the most important prayers. Each of these is presented in a way that makes every word of the prayer understandable, even though some of the words and constructions are beyond the scope of this text.

Each chapter after Chapter 1 begins with an "Oral Review Exercise", which is designed to be used as a review of the concepts and vocabulary introduced in the previous chapter. This is followed by a list of new vocabulary, and the presentation of a new language concept. In most cases, this concept is illustrated with a large chart, which shows endings, vowel patterns, and so forth. The exercises for each chapter are presented in order of difficulty. These exercises should provide enough practice for a complete understanding of the ideas and vocabulary words introduced in the chapter, and they will also help the student review previous chapters.

It is not easy to learn a new language. Even though we have made our best attempt to introduce Hebrew as simply and as practically as possible, a certain amount of study will be necessary. It is our hope that the efforts expended will be rewarded many times over by the joy of understanding the Hebrew of the prayerbook.

Contents

The Name

Jewish tradition teaches that the name of God be given respect. More traditional Jews will not print a Hebrew name of God except in holy books like the Bible or the prayerbook, nor will they say a Hebrew name of God except in prayer or perhaps in religious study.

This book prints some of the Hebrew names of God, allowing you to see the prayers as they appear in prayerbooks. The Hebrew names of God are used in this book only when prayers are quoted. The Hebrew names of God are never used in exercises or in explanations of grammar.

This book does not print the holiest of the names of God, the Tetragrammaton (י and ה and ו and ה). The prayers in this book follow the convention of most prayerbooks, in which יְיָ appears in place of the Tetragrammaton. One never pronounces either the Tetragrammaton or the name יְיָ. In prayer, יְיָ should be read as if it were the name אֲדֹנָי, translated "Lord". When not praying, more traditional Jews read יְיָ or אֲדֹנָי as הַשֵּׁם ("the name"). Also, though the words אֵל and אֱלֹהִים sometimes refer to pagan gods, more often they are names of the God of Israel. More traditional Jews, when not praying, pronounce these names קֵל and אֱלֹקִים.

These are the names of God you will find in this book:

יְיָ   אֵל   אֱלֹהִים   אֲדֹנָי   שַׁדַּי

The Noun Sentence

Every language has its own way of saying things. As you begin to study Hebrew, you need to be aware that it is different from English in many ways. It is not enough to be able to translate individual words from Hebrew into English. You must also understand how these words are arranged in sentences. A sentence that makes sense in Hebrew may not make sense when translated literally into English. This book will teach you both: the English meanings of individual Hebrew words, and the ways the Hebrew words are arranged to make proper Hebrew sentences. This book will show time after time how the same thought is expressed one way in Hebrew and a different way in English.

When you begin using this book, you should already be able to read simple Hebrew words. If you cannot read simple Hebrew words, or if you can only read with great difficulty, you will need to learn or review the Hebrew alphabet and vowels before you begin this book. On page 264 is a list of books and study aids that you will find useful for this purpose.

Vocabulary

father	אָב
one	אֶחָד
I	אֲנִי
you	אַתָּה
he, it	הוּא
this	זֶה
Israel	יִשְׂרָאֵל
king	מֶלֶךְ
Moses	מֹשֶׁה
nation, people	עַם

In each chapter, we will introduce no more than ten new vocabulary words. These words need to be learned.

The Noun Sentence

In this chapter you will learn about the simplest type of sentence in Hebrew: the noun sentence. The noun sentence is a very good example of how Hebrew and English are different. Look at the following simple English sentences.

You are a king.   I am a father.   Moses is a king.

In English each of these sentences is three or four words long. In Hebrew, each of these sentences would use only two words. Remember that Hebrew sentences are read from right to left.

You are a king. אַתָּה מֶלֶךְ.

I am a father. אֲנִי אָב.

Moses is a king. מֹשֶׁה מֶלֶךְ.

These are complete Hebrew sentences. As you can see, they contain no word for <u>is</u>, <u>am</u>, or <u>are</u>. These words do not exist in Hebrew and must be added in an English translation.

You will also notice that the word <u>a</u> does not appear in the Hebrew sentences. In Hebrew there is no word for <u>a</u> or <u>an</u>. These words, too, must be added in an English translation.

You <u>are</u> <u>a</u> father. אַתָּה אָב.

I <u>am</u> <u>a</u> king. אֲנִי מֶלֶךְ.

Israel <u>is</u> <u>a</u> people. יִשְׂרָאֵל עָם.

This <u>is</u> Moses. זֶה מֹשֶׁה.

This is all you need to know to be able to form simple Hebrew sentences. Many of the sentences in your prayerbook are noun sentences.

Exercises

1. Translate these Hebrew noun sentences into English.

1. אֲנִי מֹשֶׁה.
2. אַתָּה מֶלֶךְ.
3. הוּא אָב.
4. זֶה עַם.
5. הוּא אֶחָד.
6. יִשְׂרָאֵל עַם.
7. מֹשֶׁה מֶלֶךְ.
8. אֲנִי אָב.
9. זֶה יִשְׂרָאֵל.
10. הוּא מֶלֶךְ.
11. זֶה מֹשֶׁה.
12. אַתָּה אָב.

2. Translate these English noun sentences into Hebrew.

1. You are a father.
2. This is a people.
3. I am a king.
4. Israel is a nation.
5. This is Moses.
6. Moses is a king.
7. A nation is one.
8. I am he.

3. Fill in the blanks to make your own noun sentences.

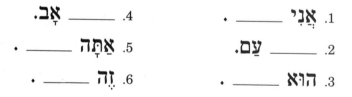

1. אֲנִי ______ .
2. ______ עַם.
3. הוּא ______ .
4. ______ אָב.
5. אַתָּה ______ .
6. זֶה ______ .

4. See how many Chapter One vocabulary words you can find in your prayerbook.

The Shema

שְׁמַע יִשְׂרָאֵל, יְיָ אֱלֹהֵינוּ, יְיָ אֶחָד.
hear our God

The Shema is the most well-known prayer in the prayer-book. It is also a good example of the Hebrew noun sentence. Notice the last two words of the Shema. These words form a noun sentence. They are translated the Lord is one. Notice the third and fourth words. These words can be translated as a noun sentence, the Lord is our God, or as a phrase, the Lord our God. Both are correct. This prayer shows how a Hebrew sentence or phrase can be translated into English in more than one way.

"Hear, O Israel: the Lord our God, the Lord is One."
Sabbath and Festival Prayerbook, Rabbinical Assembly, 1946, p. 92

"Hear, O Israel, the Lord is our God, the Lord is One."
Daily Prayer Book, Birnbaum, 1977, p. 76

See the page facing page 1 for an explanation of the Hebrew names of God.

Chapter 2

The Feminine Noun

Oral Review Exercise

Read and translate the following sentences orally.

1. אֲנִי אָב.
2. אַתָּה מֶלֶךְ.
3. הוּא מֹשֶׁה.
4. יִשְׂרָאֵל עַם.
5. זֶה אֶחָד.
6. מֹשֶׁה אָב.
7. מֹשֶׁה מֶלֶךְ.
8. הוּא מֶלֶךְ.
9. זֶה עַם.

Vocabulary

mother .... אֵם

blessing, prayer .... בְּרָכָה

land, earth .... אֶרֶץ

you .... אַתְּ

the .... הַ־

she .... הִיא

this .... זֹאת

who .... מִי

Sabbath .... שַׁבָּת

Sarah .... שָׂרָה

The Noun

A noun is a word that names a person, place, or thing. In Hebrew, every noun is either masculine or feminine. As you learn each new noun, you must also learn whether it is masculine or feminine. You will see why this is important later. All the nouns introduced in this chapter are feminine. All those introduced in the first chapter were masculine. Most Hebrew pronouns are either masculine or feminine. Listed below are all the nouns and pronouns that you have learned so far.

Feminine		Masculine	
mother	אֵם	father	אָב
blessing	בְּרָכָה	you	אַתָּה
land	אֶרֶץ	he	הוּא
you	אַתְּ	this	זֶה
she	הִיא	Israel	יִשְׂרָאֵל
this	זֹאת	king	מֶלֶךְ
Sabbath	שַׁבָּת	Moses	מֹשֶׁה
Sarah	שָׂרָה	nation	עַם

Whenever new nouns or pronouns appear in the vocabulary lists of each chapter, we will tell you whether they are masculine or feminine.

The in Hebrew

The English word the is not a separate word in Hebrew. Instead, the letter ה is attached to the beginning of the Hebrew noun. Usually there will be the vowel X̲ under the ה and a dot in the letter following the ה.

הַ •

the

הַמֶּלֶךְ	מֶלֶךְ
the king	king
הַשַּׁבָּת	שַׁבָּת
the Sabbath	Sabbath
הַבְּרָכָה	בְּרָכָה
the blessing	blessing

Variations of <u>The</u>

Sometimes there is no dot in the letter following the הַ. In this case, the vowel under the הַ may change to Xָ or Xֶ.

mother	אֵם	father	אָב
the mother	הָאֵם	the father	הָאָב

The vowels of some words change when הַ is added.

land	אֶרֶץ	people	עַם
the land	הָאָרֶץ	the people	הָעָם

Dots Inside Hebrew Letters

By now you have learned several words that have letters with a dot inside them.

שַׁבָּת   אַתָּה   בְּרָכָה

Many Hebrew words have letters with dots in them, for all sorts of reasons. The rules for these dots are complicated, and it is rarely important for a beginner to know why they appear in Hebrew words. You will be able to read and understand a great deal of Hebrew without knowing much about the dots. In general, you should consider them part of Hebrew spelling.

More Masculine and Feminine Words

There are two words for <u>you</u> in Hebrew. אַתָּה is used when addressing a male, and אַתְּ is used when addressing a female.

You are a father.	אַתָּה אָב.
You are a mother.	אַתְּ אֵם.

There are also two words for <u>this</u> in Hebrew. זֶה refers to masculine nouns (people or things), and זֹאת refers to feminine nouns (people or things).

This is the king.	זֶה הַמֶּלֶךְ.
This is the people.	זֶה הָעָם.
This is the mother.	זֹאת הָאֵם.
This is the land.	זֹאת הָאָרֶץ.

The word אֲנִי <u>I</u> is used for both males and females.

I am Moses.	אֲנִי מֹשֶׁה.
I am Sarah.	אֲנִי שָׂרָה.

The Word מִי

The word מִי means <u>Who?</u> as a question.

Who are you?	מִי אַתָּה?
Who is the mother?	מִי הָאֵם?

Exercises

1. Translate the following sentences into English.

1. הוּא אָב.

2. הוּא הָאָב.

3. הִיא אֵם.

4. הִיא הָאֵם.

5. זֶה עַם.

6. זֶה הָעָם.

7. זֹאת בְּרָכָה.

8. זֹאת הַבְּרָכָה.

9. אַתָּה מֶלֶךְ.

10. אַתָּה הַמֶּלֶךְ.

11. אַתְּ אֵם.

12. אַתְּ הָאֵם.

13. אַתָּה מֹשֶׁה.

14. אַתְּ שָׂרָה.

15. הוּא הַמֶּלֶךְ.

16. הִיא הָאֵם.

17. זֶה יִשְׂרָאֵל.

18. זֹאת הָאָרֶץ.

19. אֲנִי מֹשֶׁה.

20. אֲנִי שָׂרָה.

21. מִי אַתְּ?

22. מִי שָׂרָה?

23. מִי הָאָב?

24. מִי אַתָּה?

2. Translate these sentences into English.

1. אַתְּ שָׂרָה.

2. זֶה הָעָם.

3. מִי אֲנִי?

4. אַתָּה אֶחָד.

5. מֹשֶׁה הָאָב.

6. שָׂרָה אֵם.

7. זֹאת הָאֵם.

8. הוּא הַמֶּלֶךְ.

9. זֹאת בְּרָכָה.

10. מִי הָאֵם?

11. זֹאת הָאָרֶץ.

12. הָעָם אֶחָד.

13. זֹאת הַשַּׁבָּת.

14. מִי הוּא?

15. אַתְּ הָאֵם.

16. מֹשֶׁה הַמֶּלֶךְ.

17. אֲנִי הָאָב.

18. אַתָּה מֶלֶךְ.

19. זֶה מֹשֶׁה.

20. מִי זֹאת?

21. הִיא שָׂרָה.

3. Translate the following sentences into Hebrew.

1. This is a blessing.
2. Who is Sarah?
3. She is a mother.
4. I am Moses.
5. You are the king.
6. This is the Sabbath.
7. Who is he?
8. This is the land.
9. The nation is Israel.
10. This is the father.

4. Make as many sentences as you can by combining words from line A with words from line B. Use ה the whenever possible. Translate.

A. אַתָּה אֲנִי הִיא אַתְּ הוּא מִי זֶה זֹאת

B. אֵם מֶלֶךְ שָׂרָה מֹשֶׁה יִשְׂרָאֵל אֶרֶץ אָב

5. Rewrite the sentences below, replacing the underlined word with the word that follows. Change from masculine to feminine or feminine to masculine when necessary. Translate.

Example: הִיא הָאֵם. (הָאָב) הוּא הָאָב.

1. הוּא מֹשֶׁה. (שָׂרָה)
2. זֹאת הָאָרֶץ. (הָעָם)
3. שָׂרָה אֵם. (מֹשֶׁה)
4. מִי הָאָב? (הָאֵם)
5. זֹאת הַשַּׁבָּת. (מֶלֶךְ)
6. אַתְּ שָׂרָה. (מֹשֶׁה)
7. אֲנִי אֵם. (אָב)
8. אַתָּה מֶלֶךְ. (שָׂרָה)
9. זֹאת בְּרָכָה. (שַׁבָּת)
10. זֶה מֶלֶךְ. (הַמֶּלֶךְ)

The Blessing Over Bread

בָּרוּךְ אַתָּה, יְיָ אֱלֹהֵינוּ, מֶלֶךְ הָעוֹלָם,

<small>(of) the universe   blessed</small>

הַמּוֹצִיא לֶחֶם מִן הָאָרֶץ.

<small>from   bread   the one</small>
<small>who brings forth</small>

This is the blessing said before eating bread. Notice that הַ the
is attached to three of the words in this blessing.

"Blessed are You, Lord our God, King of the universe, who
brings forth bread from the earth."
Siddur Tehillat Hashem, Mangel, 1978, p. 87

The Blessing Over Wine

בָּרוּךְ אַתָּה, יְיָ אֱלֹהֵינוּ, מֶלֶךְ הָעוֹלָם,

בּוֹרֵא פְּרִי הַגָּפֶן.

<small>(of) the vine   fruit   who creates</small>

This is the blessing said before drinking wine.

"Blessed art thou, Lord our God, King of the universe, who
createst the fruit of the vine."
Daily Prayer Book, Birnbaum, 1977, p. 290

See the page facing page 1 for an explanation of the Hebrew
names of God.

Chapter 3

Plural Nouns

Oral Review Exercise

Read and translate the following sentences orally.

1. מִי אַתָּה?
2. אֲנִי מֹשֶׁה.
3. מִי אַתְּ?
4. אֲנִי לֵאָה.
5. מִי זֹאת?
6. זֹאת שָׂרָה.
7. מִי הַמֶּלֶךְ?
8. מֹשֶׁה הַמֶּלֶךְ.

Vocabulary

Abraham .... אַבְרָהָם

these *m* and *f* .... אֵלֶּה

word, thing *m* .... דָּבָר

they *m* .... הֵם

they *f* .... הֵן

and .... וְ־

Leah .... לֵאָה

Torah *f* .... תּוֹרָה

Masculine nouns are indicated by *m*, feminine nouns by *f*.

Masculine and Feminine Plurals

Masculine nouns are usually made plural by adding the ending

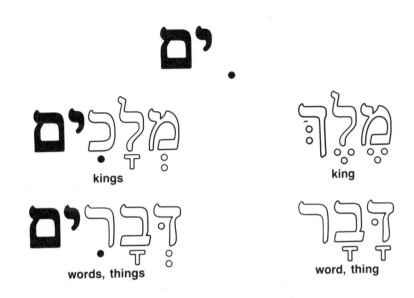

ִים

מְלָכִים **kings**	מֶלֶךְ **king**
דְּבָרִים **words, things**	דָּבָר **word, thing**

Feminine nouns are usually made plural by adding the ending

וֹת

אֲרָצוֹת **lands**	אֶרֶץ **land**
שַׁבָּתוֹת **Sabbaths**	שַׁבָּת **Sabbath**

The Plural Noun

In both English and Hebrew, nouns are made plural by adding endings to their singular forms. Hebrew nouns are always either masculine or feminine. Masculine nouns are usually made plural by adding the ending Xִים. Feminine nouns are usually made plural by adding the ending Xוֹת.

Unusual Plurals

Many Hebrew nouns are exceptions to the basic rules of forming plurals. Look at the plural of the Hebrew word אָב father:

fathers .... אָבוֹת father .... אָב

אָב takes the feminine plural ending Xוֹת, even though it is a masculine noun. Masculine nouns sometimes take the feminine plural ending Xוֹת, and feminine nouns sometimes take the masculine plural ending Xִים. However, masculine nouns are always masculine, and feminine nouns are always feminine, no matter what plural ending they have. The word אָבוֹת fathers is still masculine even though it has the ending Xוֹת.

Many nouns gain or lose letters when plural endings are attached:

mothers .... אִמָּהוֹת mother .... אֵם

blessings .... בְּרָכוֹת blessing .... בְּרָכָה

There are many feminine nouns like בְּרָכָה that end in אָה. These nouns always lose the letter ה when the feminine plural ending אוֹת is attached.

Whenever new nouns appear in the vocabulary lists of each chapter, we will give you the singular and the plural form of the noun. You must learn both these forms.

Below is a list of all the nouns you have learned that have plural forms.

kings	מְלָכִים	king	מֶלֶךְ
words	דְּבָרִים	word	דָּבָר
nations	עַמִּים	nation	עַם
Sabbaths	שַׁבָּתוֹת	Sabbath	שַׁבָּת
lands	אֲרָצוֹת	land	אֶרֶץ
blessings	בְּרָכוֹת	blessing	בְּרָכָה
mothers	אִמָּהוֹת	mother	אֵם
fathers	אָבוֹת	father	אָב

You can see that the vowels of many of these nouns change when plural endings are added. You do not need to memorize these vowel changes. You do need to be able to recognize the plural forms.

And in Hebrew

The English word and is not a separate word in Hebrew. Instead, the letter ו is attached to the beginning of a word.

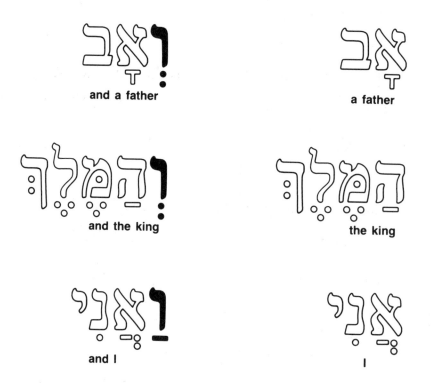

וְאָב	אָב
and a father	a father
וְהַמֶּלֶךְ	הַמֶּלֶךְ
and the king	the king
וַאֲנִי	אֲנִי
and I	I

The ו and usually has the vowel Xְ underneath it. You will also see it with the vowels Xִ, Xֶ, Xַ, or Xָ. Sometimes the ו and is written וּ. This is pronounced oo, not voo.

a father and a king	אָב וּמֶלֶךְ
a word and a blessing	דָּבָר וּבְרָכָה

They in Hebrew

In the vocabulary list of this chapter, two words were introduced which both mean <u>they</u>: הֵם and הֵן. הֵם is used when referring to males. הֵן is used when referring to females.

They are fathers.	הֵם אָבוֹת.
They are mothers.	הֵן אִמָּהוֹת.
They are Abraham and Moses.	הֵם אַבְרָהָם וּמֹשֶׁה.
They are Sarah and Leah.	הֵן שָׂרָה וְלֵאָה.

When referring to a group that includes both males and females, the masculine form is used.

They are the father and the mother.	הֵם הָאָב וְהָאֵם.
They are Moses and Leah.	הֵם מֹשֶׁה וְלֵאָה.

In both Hebrew and English, the word <u>they</u> can refer to things as well as people. In Hebrew, the masculine <u>they</u> הֵם is used when referring to masculine nouns. The feminine <u>they</u> הֵן is used when referring to feminine nouns.

They are the words.	הֵם הַדְּבָרִים.
They are the lands.	הֵן הָאֲרָצוֹת.

The word אֵלֶּה <u>these</u> is used with masculine and feminine nouns.

These are the nations.	אֵלֶּה הָעַמִּים.
These are the blessings.	אֵלֶּה הַבְּרָכוֹת.

Exercises

1. Translate the following sentences into English.

1. הוּא הַמֶּלֶךְ.
2. הֵם הַמְּלָכִים.
3. הִיא הָאֵם.
4. הֵן הָאִמָּהוֹת.
5. זֶה הָעָם.
6. אֵלֶּה הָעַמִּים.
7. זֹאת הַבְּרָכָה.
8. אֵלֶּה הַבְּרָכוֹת.
9. אֲנִי וּמֹשֶׁה אָבוֹת.
10. שָׂרָה וְאַתְּ אִמָּהוֹת.
11. הוּא הַמֶּלֶךְ וְהֵם הַדְּבָרִים.
12. אֵלֶּה הַמְּלָכִים וְהֵן הָאֲרָצוֹת.

2. Change the plural forms to singular. Translate.

Example: הֵם מְלָכִים. הוּא מֶלֶךְ.

1. אֵלֶּה הָאֲרָצוֹת.
2. מִי הַמְּלָכִים?
3. אֵלֶּה הַשַּׁבָּתוֹת.
4. מִי הָאִמָּהוֹת?
5. אֵלֶּה הָעַמִּים.
6. אֵלֶּה הַבְּרָכוֹת.
7. הֵם אִמָּהוֹת וְאָבוֹת.
8. אֵלֶּה דְּבָרִים.

3. Change the singular forms to plural. Translate.

Example: הוּא מֶלֶךְ. הֵם מְלָכִים.

1. זֹאת הַשַּׁבָּת.
2. זֶה עַם.
3. מִי הַמֶּלֶךְ?
4. מִי הָאָב?
5. זֹאת הָאָרֶץ.
6. הַמֶּלֶךְ אָב.
7. זֹאת בְּרָכָה.
8. זֶה הַדָּבָר.

4. Translate these sentences into English.

1. אֵלֶּה הָאֲרָצוֹת, וְזֶה הָעָם.
2. אַבְרָהָם וַאֲנִי אָבוֹת.
3. הֵן הָאִמָּהוֹת וְהֵם הַמְּלָכִים.
4. הִיא אֵם, וּמִי אַתְּ?
5. אַתָּה הָאָב וְהַמֶּלֶךְ.
6. זֹאת הַתּוֹרָה, וְאֵלֶּה הַדְּבָרִים.
7. אֲנִי הָאֵם וְהִיא לֵאָה.
8. הָאִמָּהוֹת שָׂרָה וְלֵאָה וְהָאָבוֹת מֹשֶׁה וְאַבְרָהָם.
9. זֹאת הָאָרֶץ, וְאֵלֶּה הָעַמִּים.
10. יִשְׂרָאֵל הָעָם וְהָעָם אֶחָד.
11. הֵם הָאָבוֹת, וּמִי הָאִמָּהוֹת?

5. Replace the underlined word with the word in parentheses. Change the rest of the sentence if needed. Translate.

1. אַתְּ אֵם. (אָב)
2. הוּא הַמֶּלֶךְ. (הֵם)
3. אַבְרָהָם וּמֹשֶׁה אָבוֹת. (הֵם)
4. הֵם מְלָכִים. (אִמָּהוֹת)
5. זֹאת הַשַּׁבָּת. (הַתּוֹרָה)
6. הֵם הָאֵם וְהָאָב. (הַמֶּלֶךְ)
7. הֵן אֲרָצוֹת. (זֹאת)
8. אֲנִי לֵאָה. (אַבְרָהָם)

The Beginning of Sim Shalom

שִׂים שָׁלוֹם טוֹבָה וּבְרָכָה חֵן וָחֶסֶד וְרַחֲמִים

mercy | loving kindness | grace | goodness | peace | grant

<u>Sim</u> <u>Shalom</u> is the final prayer of the Shemoneh Esreh, or Amidah prayer, in the morning service. Notice the typical feminine ending אָה of the nouns בְּרָכָה and טוֹבָה. Notice the repeated use of ו, meaning <u>and</u>. The word רַחֲמִים is a noun in the plural form in Hebrew, but is translated with a singular meaning as <u>mercy</u> or <u>compassion</u>.

"Grant peace, welfare, blessing, grace, lovingkindness and mercy . . ."
Daily Prayer Book, Hertz, 1975, p. 155

The Shehecheyanu

בָּרוּךְ אַתָּה, יְיָ אֱלֹהֵינוּ, מֶלֶךְ הָעוֹלָם,
שֶׁהֶחֱיָנוּ וְקִיְּמָנוּ וְהִגִּיעָנוּ לַזְּמַן הַזֶּה.

to this season | brought us | sustained us | who has made us live

<u>Shehecheyanu</u> is said on the first day of all festivals, and at many other celebrations. Notice the use of ו, meaning <u>and</u>.

"Blessed art thou, Lord our God, King of the universe, who hast granted us life and sustenance and permitted us to reach this season."
Daily Prayer Book, Birnbaum, 1977, p. 710

See the page facing page 1 for an explanation of the Hebrew names of God.

Chapter 4

Pronouns

Oral Review Exercise

Answer these questions for each word below:

1. What does it mean in English?
2. What is its singular form?
3. Is it masculine or feminine?

אָבוֹת	אִמָּהוֹת	שַׁבָּתוֹת
אֲרָצוֹת	מְלָכִים	דְּבָרִים
עַמִּים	בְּרָכוֹת	אֵלֶּה

Read and translate the following sentences orally.

1. מִי הַמֶּלֶךְ?
הוּא הַמֶּלֶךְ.
מִי הַמְּלָכִים?
הֵם הַמְּלָכִים.

2. מִי הִיא?
הִיא הָאֵם.
מִי הֵן?
הֵן לֵאָה וְשָׂרָה.

3. יִשְׂרָאֵל עַם.
עַם אֶחָד.
הָעָם יִשְׂרָאֵל.
הָעָם אֶחָד.

4. זֹאת בְּרָכָה.
זֹאת הַתּוֹרָה.
אֵלֶּה הַדְּבָרִים.
אֵלֶּה הַשַּׁבָּתוֹת.

Vocabulary

truth *f*	אֱמֶת
we *m* and *f*	אֲנַחְנוּ, אָנוּ
you *m pl*	אַתֶּם
you *f pl*	אַתֶּן
son *m*	בֵּן , בָּנִים
daughter *f*	בַּת , בָּנוֹת
peace *m*	שָׁלוֹם

- The plural form of each word is listed after its singular form. If no plural form is listed, it means that no such form exists or that it is very rarely used.

- The plural form בָּנִים can be translated as <u>sons</u> or <u>children</u>.

Pronouns

The Hebrew words אֲנִי, אַתָּה, אַתְּ, הוּא, and הִיא are all singular pronouns. They each have a corresponding plural form. Below is a chart showing all the singular and plural subject pronouns.

Plural		Singular	
we	אֲנַחְנוּ, אָנוּ	I	אֲנִי
you *m*	אַתֶּם	you *m*	אַתָּה
you *f*	אַתֶּן	you *f*	אַתְּ
they *m*	הֵם	he	הוּא
they *f*	הֵן	she	הִיא

Two Forms of We

The two Hebrew words אָנוּ and אֲנַחְנוּ both mean <u>we</u>. They can be used interchangeably. Just like אֲנִי, they are used for both males and females.

We are the daughters.	אֲנַחְנוּ הַבָּנוֹת.
We are Abraham and Moses.	אֲנַחְנוּ אַבְרָהָם וּמֹשֶׁה.
We are Sarah and Leah.	אָנוּ שָׂרָה וְלֵאָה.
We are the kings.	אָנוּ הַמְּלָכִים.

אַתֶּן and אַתֶּם

The plural form אַתֶּן <u>you</u> is used when addressing two or more females. Like the word הֵן, it is used only when everyone referred to is female.

You are the daughters.	אַתֶּן הַבָּנוֹת.

The plural form אַתֶּם is used when addressing two or more males.

You are the fathers.	אַתֶּם הָאָבוֹת.

Like the plural form הֵם, the plural form אַתֶּם is used when the group referred to contains both males and females.

You are Sarah and Moses.	אַתֶּם שָׂרָה וּמֹשֶׁה.
You are the fathers and the daughters.	אַתֶּם הָאָבוֹת וְהַבָּנוֹת.

Masculine plural forms are always used in Hebrew when referring to groups containing both males and females.

The Extra Pronoun

In short noun sentences, the words הוּא, הִיא, הֵם and הֵן often appear with the two nouns or groups of nouns. These extra pronouns need not be translated.

The father is the king.	הָאָב הוּא הַמֶּלֶךְ.
Sarah is the mother.	שָׂרָה הִיא הָאֵם.
The kings are the fathers.	הַמְּלָכִים הֵם הָאָבוֹת.

These extra pronouns may appear in noun sentences with any noun. הוּא and הֵם are used with masculine nouns. הִיא and הֵן are used with feminine nouns.

Israel is a nation.	יִשְׂרָאֵל הוּא עַם.
The Torah is truth.	הַתּוֹרָה הִיא אֱמֶת.
These are the words.	אֵלֶּה הֵם הַדְּבָרִים.

Sometimes the word הוּא is used after the pronoun אַתָּה in short noun sentences. This הוּא also does not need to be translated.

You are the king.	אַתָּה הוּא הַמֶּלֶךְ.
You are the father.	אַתָּה הוּא הָאָב.

In Hebrew, feminine plural forms like אַתֶּן and הֵן are very rare and do not appear at all in the prayerbook. In this book, we will introduce these forms along with more common forms so that you can see the complete structure of the language.

Exercises

1. Translate the following noun sentences into English.

1. אֲנִי הָאָב.
2. אֲנַחְנוּ הָאָבוֹת.
3. אַתָּה מֶלֶךְ.
4. אַתֶּם מְלָכִים.
5. אַתְּ הָאֵם.
6. אַתֶּן הַבָּנוֹת.
7. הוּא בֵּן.
8. הֵם אַבְרָהָם וּמֹשֶׁה.
9. הִיא בַּת.
10. הֵן לֵאָה וְשָׂרָה.
11. זֶה הָאָב וְאֵלֶּה הַבָּנוֹת.
12. אֵלֶּה הַבָּנִים.
13. מֹשֶׁה וְהַמֶּלֶךְ הֵם אָבוֹת.
14. הַתּוֹרָה הִיא אֱמֶת.
15. יִשְׂרָאֵל הִיא הָאָרֶץ.
16. הַשָּׁלוֹם הוּא בְּרָכָה.

2. Change the singular forms to plural. Translate.

Example: אַתָּה מֶלֶךְ. אַתֶּם מְלָכִים.

1. הוּא אָב.
2. אֲנִי בֵּן.
3. הִיא הָאֵם.
4. זֶה הַדָּבָר.
5. זֹאת הָאָרֶץ.
6. אַתָּה מֶלֶךְ וְאַתָּה אָב.

3. Change the plural forms to singular. Translate.

Example: אֲנַחְנוּ בָּנִים. אֲנִי בֵּן.

1. אָנוּ הַבָּנוֹת.
2. אַתֶּם הַבָּנִים.
3. אֵלֶּה בְּרָכוֹת.
4. אֵלֶּה עַמִּים.
5. הֵם הַמְּלָכִים וַאֲנַחְנוּ הָאָבוֹת.
6. אַתֶּם הַבָּנִים וְהֵן הַבָּנוֹת.

4. Fill in the blanks with an appropriate word. There may be more than one correct answer. Translate.

1. ‏אֲנִי אָב וְאַתָּה אָב. _____ אָבוֹת.

2. ‏מִי אַתֶּם? _____ הַבָּנִים.

3. ‏לֵאָה הִיא בַּת וְשָׂרָה הִיא בַּת. הֵן _____ .

4. ‏אָנוּ הַבָּנִים. _____ מֹשֶׁה וְהוּא אַבְרָהָם.

5. ‏מִי אַתָּה? _____ הַמֶּלֶךְ.

6. ‏אַתֶּם הָאָבוֹת, אֵלֶּה הַבָּנִים וְ _____ הַבָּנוֹת.

7. ‏אַבְרָהָם הוּא אָב וְשָׂרָה הִיא _____ .

8. ‏מֹשֶׁה _____ בֵּן וְלֵאָה _____ בַּת.

9. ‏אַתָּה בֵּן וְאַתְּ בַּת. _____ בָּנִים.

5. Translate the following into Hebrew.

1. I am Moses. Who are you *f sg*?

2. I am Leah. I am a daughter and I am a mother.

3. Who is she? She is the mother.

4. We are the fathers and they are the sons.

5. This is the truth.

6. You are the kings and they are the fathers.

7. These are the words.

8. You are the mother.

9. We are the children.

10. This is the Sabbath.

From the Aleinu

In this chapter we include excerpts from two familiar prayers. The following line is from the Aleinu, the prayer recited near the end of every service. The congregation bows as this line is said.

וַאֲנַחְנוּ כּוֹרְעִים וּמִשְׁתַּחֲוִים וּמוֹדִים . . .

give thanks **worship** **bow**

The first word is the pronoun we with the ו and attached. Notice that the ו and is also attached to two other words.

"We bend the knee, worship and give thanks. . . "
Sabbath and Festival Prayer Book, Rabbinical Assembly, 1973, p. 159

From Ein Keloheinu

These lines are taken from the hymn Ein Keloheinu.

אַתָּה הוּא אֱלֹהֵינוּ, אַתָּה הוּא אֲדוֹנֵינוּ,

our Lord

אַתָּה הוּא מַלְכֵּנוּ, אַתָּה הוּא מוֹשִׁיעֵנוּ.

our savior **our king**

This verse is made up of short noun sentences. Notice that the pronoun הוּא is inserted between the two words of each sentence.

"You are our God; You are our Lord; You are our King; You are our Savior."
Gates of Prayer, Central Conference of American Rabbis, 1975, p. 731

Chapter 5

Adjectives

Oral Review Exercise

Read and translate the following sentences orally.

1. מִי אַתָּה? אֲנִי הַמֶּלֶךְ.

   מִי אֲנִי? אַתָּה הַבֵּן.

   מִי הוּא? הוּא הָאָב.

2. מִי אַתֶּם? אֲנַחְנוּ הַמְּלָכִים.

   מִי אֲנַחְנוּ? אַתֶּם הַבָּנִים.

   מִי הֵם? הֵם הָאָבוֹת.

3. מִי הִיא? הִיא הַבַּת.

   מִי אַתְּ? אֲנִי הָאֵם.

   מִי הֵן? הֵן הַבָּנוֹת.

Vocabulary

blessed	בָּרוּךְ
big, great	גָּדוֹל
good	טוֹב
holy	קָדוֹשׁ
many, much, abundant	רַב

The Adjective

An adjective is a word used to describe a noun.

a <u>big</u> father   <u>good</u> mothers   a <u>holy</u> nation

In English, an adjective comes before the noun that it describes. In Hebrew, an adjective usually comes after the noun that it describes.

a big father	אָב גָּדוֹל
a good king	מֶלֶךְ טוֹב
a holy nation	עַם קָדוֹשׁ

In English, every adjective has one form, no matter what kind of noun it describes.

a <u>good</u> father   <u>good</u> fathers

a <u>good</u> mother   <u>good</u> mothers

In Hebrew, every adjective has four forms which correspond to the four types of Hebrew nouns: masculine singular, masculine plural, feminine singular, and feminine plural. The Hebrew adjective appears in four different forms when describing each of these four types of nouns.

good *m sg*	טוֹב
good *f sg*	טוֹבָה
good *m pl*	טוֹבִים
good *f pl*	טוֹבוֹת

Adjectives and Nouns

The Hebrew adjective must always match the noun it describes.

מֶלֶךְ טוֹב

a good king *m sg*

אֶרֶץ טוֹבָה

a good land *f sg*

מְלָכִים טוֹבִים

good kings *m pl*

אֲרָצוֹת טוֹבוֹת

good lands *f pl*

The four forms of the adjectives introduced in this chapter are:

	great	good	holy	much
m sg	גָּדוֹל	טוֹב	קָדוֹשׁ	רַב
f sg	גְּדוֹלָה	טוֹבָה	קְדוֹשָׁה	רַבָּה
m pl	גְּדוֹלִים	טוֹבִים	קְדוֹשִׁים	רַבִּים
f pl	גְּדוֹלוֹת	טוֹבוֹת	קְדוֹשׁוֹת	רַבּוֹת

Below are examples of adjectives with nouns you have learned.

a big son	בֵּן גָּדוֹל
a big daughter	בַּת גְּדוֹלָה
a holy people	עַם קָדוֹשׁ
a holy land	אֶרֶץ קְדוֹשָׁה
many words	דְּבָרִים רַבִּים
many blessings	בְּרָכוֹת רַבּוֹת

A masculine noun is always masculine and must use a masculine adjective, even when it has the feminine plural ending Xוֹת. The same is true of feminine nouns that have the masculine ending Xִים.

a good father	אָב טוֹב
good fathers	אָבוֹת טוֹבִים

Adjectives and Definite Nouns

Definite nouns are nouns that refer to specific people, places, or things.

a blessing (any blessing: not definite) .... בְּרָכָה

the blessing (a specific blessing: definite) .... הַבְּרָכָה

Abraham (a specific person: definite) .... אַבְרָהָם

When a Hebrew adjective is used with a definite noun in a phrase, the adjective must have a ה attached. This ה is not translated.

the great king	הַמֶּלֶךְ הַגָּדוֹל
the many nations	הָעַמִּים הָרַבִּים
good Sarah	שָׂרָה הַטּוֹבָה

When a Hebrew adjective is used with a definite noun to form a complete sentence, the adjective does not have a ה attached.

The king is great.	הַמֶּלֶךְ גָּדוֹל.
The nations are many.	הָעַמִּים רַבִּים.
Sarah is good.	שָׂרָה טוֹבָה.

In a noun sentence, the adjective can come before or after the noun.

The king is great. גָּדוֹל הַמֶּלֶךְ.

or

הַמֶּלֶךְ גָּדוֹל.

Below are the possible combinations of definite and indefinite nouns with adjectives.

מֶלֶךְ טוֹב

a good king
Indefinite noun plus adjective without הַ

הַמֶּלֶךְ הַטּוֹב

the good king
Definite noun plus adjective with הַ

הַמֶּלֶךְ טוֹב.

The king is good.
Definite noun plus adjective without הַ

בָּרוּךְ

The Hebrew word בָּרוּךְ blessed is a special kind of word. Although it is not an adjective, it is used in the same way. Like an adjective, it has four forms, and must match the noun it describes. בָּרוּךְ is used like an adjective to form phrases and sentences.

a blessed king	מֶלֶךְ בָּרוּךְ
the blessed land	הָאָרֶץ הַבְּרוּכָה
The kings are blessed.	הַמְּלָכִים בְּרוּכִים.
the blessed lands	הָאֲרָצוֹת הַבְּרוּכוֹת
Blessed are you. *or* You are blessed.	בָּרוּךְ אַתָּה.

Exercises

1. Translate these Hebrew sentences and phrases into English.

1. בֵּן גָּדוֹל
   הַבֵּן גָּדוֹל.
   הַבֵּן הַגָּדוֹל
   הַבָּנִים גְּדוֹלִים.
   הַבָּנִים הַגְּדוֹלִים

2. אֶרֶץ טוֹבָה
   הָאָרֶץ הַטּוֹבָה
   הָאָרֶץ טוֹבָה.
   הָאֲרָצוֹת טוֹבוֹת.
   הָאֲרָצוֹת הַטּוֹבוֹת

3. הָעָם קָדוֹשׁ.
   שָׁלוֹם רַב
   הַשַּׁבָּת קְדוֹשָׁה.
   הַדְּבָרִים הַקְּדוֹשִׁים
   הָאֲרָצוֹת רַבּוֹת.

4. אָב בָּרוּךְ
   הָאָב בָּרוּךְ.
   הָאֵם בְּרוּכָה.
   הָאָבוֹת בְּרוּכִים.
   שָׂרָה וְלֵאָה בְּרוּכוֹת.

2. Translate the following phrases into English.

1. בַּת טוֹבָה
2. הָאָב הַגָּדוֹל
3. אִמָּהוֹת רַבּוֹת
4. הַבְּרָכָה הַטּוֹבָה
5. מְלָכִים רַבִּים
6. הָאָרֶץ הַבְּרוּכָה
7. הַבָּנִים הַטּוֹבִים
8. הָעָם הַקָּדוֹשׁ
9. אַבְרָהָם הַגָּדוֹל
10. הַדְּבָרִים הָרַבִּים
11. עַמִּים בְּרוּכִים
12. מֹשֶׁה הַקָּדוֹשׁ!

3. Translate the following sentences into English.

1. הָעַמִּים בְּרוּכִים.
2. יִשְׂרָאֵל אֶרֶץ גְּדוֹלָה.
3. הַשָּׁלוֹם טוֹב.
4. הַתּוֹרָה וְהַשַּׁבָּת קְדוֹשׁוֹת.
5. הַבָּנִים וְהַבָּנוֹת רַבִּים וְטוֹבִים.
6. הָאֱמֶת קְדוֹשָׁה.
7. בָּרוּךְ אַבְרָהָם הָאָב וּבְרוּכָה הָאֵם לֵאָה.
8. אֲנַחְנוּ הַמְּלָכִים הָרַבִּים.
9. אֵלֶּה דְּבָרִים קְדוֹשִׁים.
10. זֹאת הַבַּת הַטּוֹבָה וְאֵלֶּה הַמְּלָכִים הַבְּרוּכִים.

4. Translate the following sentences into Hebrew.

1. The Sabbath is holy.
2. Many words are blessed.
3. Peace is good.
4. The sons are great.
5. The truth is good.
6. They are good daughters.

The following pairs of sentences will rhyme when correctly translated.

7. The mother is good.
   The land is blessed.
8. Blessed are the nations.
   Many are the sons.

5. Rewrite the sentences that follow, changing the singular forms to plural. Remember that the adjective agrees with the noun. Translate.

1. זֶה הָעָם הָרַב.
2. הַבֵּן גָּדוֹל.
3. הַשַּׁבָּת בְּרוּכָה.
4. מִי הַמֶּלֶךְ הַגָּדוֹל?
5. זֶה דָּבָר קָדוֹשׁ.
6. הָאָב הוּא מֶלֶךְ גָּדוֹל.
7. אַתְּ בַּת טוֹבָה.
8. אֲנִי אֵם קְדוֹשָׁה.

6. Rewrite the following sentences, changing from plural to singular. Translate.

1. הַבָּנִים בְּרוּכִים.
2. הַבָּנוֹת טוֹבוֹת.
3. הַשַּׁבָּתוֹת קְדוֹשׁוֹת.
4. הֵם עַמִּים בְּרוּכִים.
5. אַתֶּם הָאָבוֹת הַטּוֹבִים.
6. אֲנַחְנוּ מְלָכִים גְּדוֹלִים.
7. אֵלֶּה הַדְּבָרִים הַטּוֹבִים.
8. הָאֲרָצוֹת הֵן בְּרוּכוֹת.

7. For each of the following sentences, an adjective is given. Fill in the blank with the correct form of the adjective, adding ה where necessary. Translate.

1. אַתְּ בַּת ______ . (גָּדוֹל)
2. זֹאת הַתּוֹרָה ______ . (קָדוֹשׁ)
3. ______ הַבָּנִים הַטּוֹבִים. (בָּרוּךְ)
4. הַשָּׁלוֹם ______ . (רַב)
5. הַשַּׁבָּת הִיא ______ . (בָּרוּךְ)
6. הֵם עַמִּים ______ . (קָדוֹשׁ)
7. מֹשֶׁה וְאַבְרָהָם הֵם מְלָכִים ______ . (טוֹב)
8. יִשְׂרָאֵל הִיא אֶרֶץ ______ . (טוֹב)
9. אֲרָצוֹת ______ הֵן טוֹבוֹת. (גָּדוֹל)

Echad Eloheinu

אֶחָד אֱלֹהֵינוּ, גָּדוֹל אֲדוֹנֵינוּ, קָדוֹשׁ שְׁמוֹ.

his name   our Lord   our God

This is the prayer which follows the Shema in the Torah service for the Sabbath and festivals. There are three pairs of words in this sentence. Each pair is a noun sentence with an adjective and a noun. In each case, the adjective comes before the noun.

One is our God. *or* Our God is one.   אֶחָד אֱלֹהֵינוּ.

Great is our Lord. *or* Our Lord is great.   גָּדוֹל אֲדוֹנֵינוּ.

Holy is his name. *or* His name is holy.   קָדוֹשׁ שְׁמוֹ.

"One is our God; Great is our Lord; Holy is his name."
Daily Prayer Book, Birnbaum, 1977, p. 366

"Our God is One; our Lord is great; holy is his name."
Gates of Prayer, Central Conference of American Rabbis, 1975, p. 418

From the Kedushah

קָדוֹשׁ, קָדוֹשׁ, קָדוֹשׁ יְיָ צְבָאוֹת.

(of) hosts

"Holy, holy, holy is the Lord of hosts."
Daily Prayer Book, Birnbaum, 1977, p. 352

Chapter 6

Possessive Endings For Singular Nouns: I

Oral Review Exercise

Read and translate the following sentences orally.

1. הַשַּׁבָּת הַקְּדוֹשָׁה
הַשַּׁבָּת קְדוֹשָׁה.
שַׁבָּתוֹת קְדוֹשׁוֹת
הַשַּׁבָּתוֹת הַקְּדוֹשׁוֹת

2. הָעָם רַב.
הָעַמִּים רַבִּים.
עַם רַב
עַמִּים רַבִּים

3. אֲנִי מֶלֶךְ גָּדוֹל.
אֲנִי הַמֶּלֶךְ הַגָּדוֹל.
אֲנַחְנוּ מְלָכִים גְּדוֹלִים.
הַמְּלָכִים הָרַבִּים גְּדוֹלִים.

4. הַדָּבָר טוֹב.
הַדְּבָרִים טוֹבִים.
הַדְּבָרִים הֵם אֱמֶת.
הָאֱמֶת הִיא דָּבָר טוֹב.

5. הַבַּת הַטּוֹבָה בְּרוּכָה.
הַבַּת טוֹבָה וּבְרוּכָה.
בְּרוּכוֹת הַבָּנוֹת הַטּוֹבוֹת.
אַבְרָהָם וְהַבָּנוֹת בְּרוּכִים.

6. הוּא מֹשֶׁה הַגָּדוֹל.
הוּא אָב טוֹב.
הִיא לֵאָה וְהִיא טוֹבָה.
לֵאָה וּמֹשֶׁה טוֹבִים.

Vocabulary

house *m*	בַּיִת, בָּתִּים
kindness, mercy *m*	חֶסֶד, חֲסָדִים
day *m*	יוֹם, יָמִים
today	הַיּוֹם
what, how	מַה, מֶה, מָה
kingdom *f*	מַלְכוּת, מַלְכוּיוֹת
universe, world, eternity *m*	עוֹלָם, עוֹלָמִים
name *m*	שֵׁם, שֵׁמוֹת

There are many words in Hebrew that do not have an exact English equivalent. Some Hebrew words can mean many different things in English. For example, the word עוֹלָם introduced in this chapter means both endless time (eternity) and endless space (universe). It can also mean world. The word חֶסֶד can be translated as grace or goodness, as well as loving-kindness. In the vocabulary lists of this book, we will try to give a one or two word translation that best sums up the meaning of each word. You should be aware, however, that the words could be translated in many different ways.

Adjectives as Nouns

You have already learned that the Hebrew adjective is used to describe nouns. The adjective can also be used alone, as a noun. It is then translated <u>the . . . one</u>.

He is the good one.	הוּא הַטּוֹב.
They are the holy ones.	הֵם הַקְּדוֹשִׁים.

Possessive Endings for Hebrew Nouns

English shows possession by using separate words such as <u>my</u>, <u>your</u>, <u>his</u>, and <u>her</u>. Possession is shown in Hebrew by attaching special endings to nouns. In this chapter you will learn the Hebrew endings that mean <u>my</u>, <u>your</u>, <u>his</u>, and <u>her</u>, and how they are attached to singular nouns.

We will call the form of the noun to which endings are attached the *base form*. The letters of the base form are the same as the letters of the noun. The vowels of the base form may be the same as those of the original noun, or they may be different. The vowels of the base form of most nouns remain the same no matter which ending is attached.

In the following pages we will give you many examples of nouns with possessive endings. The examples are included only to help you recognize the possessive endings and the base forms to which they are attached. You do not need to memorize each word.

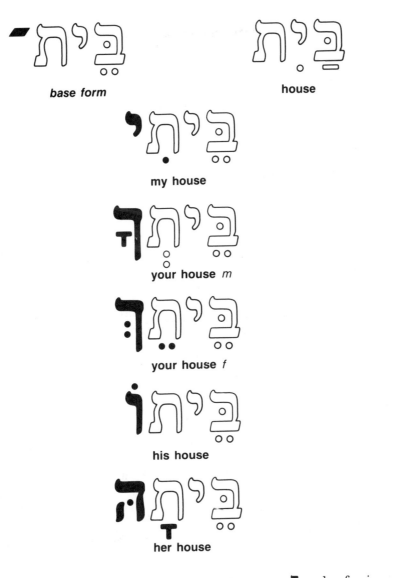

בַּיִת	בֵּית־
house	***base form***

בֵּיתִי

my house

בֵּיתְךָ

your house *m*

בֵּיתֵךְ

your house *f*

בֵּיתוֹ

his house

בֵּיתָהּ

her house

- Notice that there is a masculine ending <u>your</u> ךָ and a feminine ending <u>your</u> אֵךְ.
- The dot in the הּ is part of the spelling of the <u>her</u> ending.
- The form ךָ (your *m*) also appears as אֶךָ (for example בֵּיתֶךָ).

Examples of Nouns with Possessive Endings

Many nouns change their vowels when the possessive endings are attached.

daughter	בַּת	word	דָּבָר
base form	בִּת־	*base form*	דְּבָר־
my daughter	בִּתִּי	my word	דְּבָרִי
your daughter *m*	בִּתְּךָ	your word *m*	דְּבָרְךָ
your daughter *f*	בִּתֵּךְ	your word *f*	דְּבָרֵךְ
his daughter	בִּתּוֹ	his word	דְּבָרוֹ
her daughter	בִּתָּהּ	her word	דְּבָרָהּ

Some nouns do not change their vowels when possessive endings are added.

day	יוֹם	Sabbath	שַׁבָּת
base form	יוֹמ־	*base form*	שַׁבָּת־
my day	יוֹמִי	my Sabbath	שַׁבָּתִי
your day *m*	יוֹמְךָ	your Sabbath *m*	שַׁבָּתְךָ
your day *f*	יוֹמֵךְ	your Sabbath *f*	שַׁבָּתֵךְ
his day	יוֹמוֹ	his Sabbath	שַׁבָּתוֹ
her day	יוֹמָהּ	her Sabbath	שַׁבָּתָהּ

When endings are attached to words that end in אָה, the ה is replaced by ת.

blessing	בְּרָכָה	Torah	תּוֹרָה
base form	בִּרְכַּת־	*base form*	תּוֹרַת־
my blessing	בִּרְכָתִי	my Torah	תּוֹרָתִי
your blessing *m*	בִּרְכָתְךָ	your Torah *m*	תּוֹרָתְךָ
your blessing *f*	בִּרְכָתֵךְ	your Torah *f*	תּוֹרָתֵךְ
his blessing	בִּרְכָתוֹ	his Torah	תּוֹרָתוֹ
her blessing	בִּרְכָתָהּ	her Torah	תּוֹרָתָהּ

A few words, like אָב, have unusual endings.

father	אָב
base form	אֲבִי־
my father	אָבִי
your father *m*	אָבִיךָ
your father *f*	אָבִיךְ
his father	אָבִיו
her father	אָבִיהָ

אָבִיו his father is pronounced aveev.

Below is a list of all the nouns you have learned in their original form, and with the אִי ending attached.

my father	אָבִי	אָב
my mother	אִמִּי	אֵם
my truth	אֲמִתִּי	אֱמֶת
my land	אַרְצִי	אֶרֶץ
my house	בֵּיתִי	בַּיִת
my son	בְּנִי	בֵּן
my blessing	בִּרְכָתִי	בְּרָכָה
my daughter	בִּתִּי	בַּת
my word	דְּבָרִי	דָּבָר
my kindness	חַסְדִּי	חֶסֶד
my day	יוֹמִי	יוֹם
my king	מַלְכִּי	מֶלֶךְ
my kingdom	מַלְכוּתִי	מַלְכוּת
my world	עוֹלָמִי	עוֹלָם
my people	עַמִּי	עַם
my Sabbath	שַׁבָּתִי	שַׁבָּת
my peace	שְׁלוֹמִי	שָׁלוֹם
my name	שְׁמִי	שֵׁם
my Torah	תּוֹרָתִי	תּוֹרָה

You do not need to memorize all the changes that take place when nouns have possessive endings attached. You do need to be able to recognize nouns with the different possessive endings when you see them.

Exercises

1. Translate the following Hebrew words.

1. אִמִּי, מַלְכִּי, בְּנִי, בִּרְכָתִי, אָבִי, בִּתִּי, בֵּיתִי
דְּבָרִי, אַרְצִי, שְׁמִי, חַסְדִּי, מַלְכוּתִי, עַמִּי, תּוֹרָתִי
2. בִּנְךָ, דְּבָרְךָ, בִּתְּךָ, אִמְּךָ, חַסְדְּךָ, מַלְכוּתְךָ, שִׁמְךָ,
עַמְּךָ, בִּרְכָתְךָ, מַלְכְּךָ, אָבִיךָ, בֵּיתְךָ, עוֹלָמְךָ, שְׁלוֹמְךָ
3. תּוֹרָתֵךְ, אִמֵּךְ, אָבִיךְ, עַמֵּךְ, בְּנֵךְ, בֵּיתֵךְ, דְּבָרֵךְ
4. חַסְדּוֹ, בְּנוֹ, בִּרְכָתוֹ, אָבִיו, מַלְכוּתוֹ, שְׁמוֹ, תּוֹרָתוֹ,
בִּתּוֹ, דְּבָרוֹ, אִמּוֹ, מַלְכּוֹ, בֵּיתוֹ, עוֹלָמוֹ, עַמּוֹ
5. דְּבָרָהּ, מַלְכָּהּ, שַׁבָּתָהּ, בְּנָהּ, עַמָּהּ, חַסְדָּהּ, תּוֹרָתָהּ

2. Match these Hebrew nouns with singular possessive endings with the English translations listed below.

בֵּיתָהּ תּוֹרָתוֹ אָבִיו שְׁמָהּ בִּתָּהּ מַלְכֵּךְ חַסְדְּךָ
אָבִיהָ אַרְצְךָ בִּרְכָתִי עַמֵּךְ אִמָּהּ בְּנֵךְ דְּבָרָהּ
אִמְּךָ בִּתִּי שִׁמְךָ עַמּוֹ בֵּיתִי מַלְכוּתוֹ

1. her name
2. his people
3. her word
4. my daughter
5. your kindness
6. his kingdom
7. her mother
8. my house
9. his Torah
10. your land
11. her daughter
12. your name
13. her house
14. your king
15. my blessing
16. his father
17. your mother
18. your people
19. her father
20. your son

3. Translate the following questions and answers into English.

1. מִי בִּתֵּךְ? בִּתִּי שָׂרָה.
2. מַה שְּׁמִי? שִׁמְךָ מֹשֶׁה.
3. מִי בְּנָהּ? בְּנָהּ אַבְרָהָם.
4. מִי מַלְכִּי? מַלְכְּךָ מֹשֶׁה.
5. מַה דְּבָרוֹ? דְּבָרוֹ אֱמֶת.
6. מַה מַלְכוּתֵךְ? מַלְכוּתִי בֵּיתִי.
7. מַה קָּדוֹשׁ? הַתּוֹרָה קְדוֹשָׁה.
8. מִי אָבִיהָ? הוּא אָבִיהָ וּשְׁמוֹ מֹשֶׁה.
9. מָה אַרְצֵךְ? יִשְׂרָאֵל אַרְצִי וְעַמִּי.

4. The following sentences contain adjectives used as nouns. Translate into English.

1. הוּא הַגָּדוֹל.
2. אֲנַחְנוּ הַבְּרוּכִים.
3. הֵם הָרַבִּים.
4. הֵם קְדוֹשִׁים.
5. הִיא הַבְּרוּכָה.
6. אֲנִי הַטּוֹבָה.

5. Translate the following sentences into Hebrew. When translated correctly, the boxed letters from each sentence will spell out a well-known Hebrew phrase.

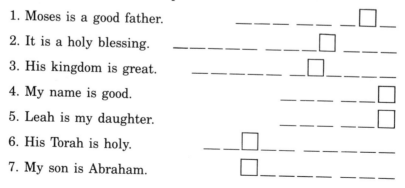

1. Moses is a good father. ___ ___ _□_
2. It is a holy blessing. ______ ___□ ___
3. His kingdom is great. ______ _□_____
4. My name is good. ___ __□
5. Leah is my daughter. ___ __□
6. His Torah is holy. __□___ ______
7. My son is Abraham. □_____ ___

6. Rewrite the sentences below, replacing the underlined word with each word that follows. Make the necessary changes in the rest of the sentence. Read aloud and translate.

Example: הִיא <u>בַּת</u> טוֹבָה. א. בֵּן הוּא <u>בֵּן</u> טוֹב.

1. אַתֶּם <u>בָּנִים</u> בְּרוּכִים.
א. הַבָּנִים ב. הַבָּנוֹת ג. בַּת ד. הַבַּת ה. הַבֵּן
2. <u>הַיּוֹם</u> קָדוֹשׁ וְטוֹב.
א. אִמָּהּ ב. הַיָּמִים ג. הַמַּלְכוּיוֹת ד. אָבִיךְ
3. <u>חַסְדּוֹ</u> גָּדוֹל.
א. הַבָּנוֹת ב. הַבָּתִּים ג. מַלְכוּתוֹ ד. שִׁמְךָ
4. <u>הוּא מֹשֶׁה</u> וּשְׁמוֹ טוֹב.
א. הוּא הַמֶּלֶךְ ב. הִיא הַבַּת ג. אֲנִי הָאָב
5. <u>בֵּיתוֹ</u> גָּדוֹל וְעַמּוֹ טוֹב.
א. בֵּיתִי ב. בֵּיתֵךְ ג. בֵּיתָהּ ד. בֵּיתְךָ
6. זֶה <u>מַלְכִּי</u> וְהוּא מֶלֶךְ בָּרוּךְ.
א. אַרְצִי ב. בְּנִי ג. אָבִי ד. בִּתִּי ה. בֵּיתִי

7. Translate the following sentences into English.

1. אַתָּה בְּנָהּ וְשִׁמְךָ מֹשֶׁה.
2. הוּא הַמֶּלֶךְ, וְיִשְׂרָאֵל עַמּוֹ וּמַלְכוּתוֹ וְאַרְצוֹ.
3. בִּרְכָתֵךְ קְדוֹשָׁה, וְחַסְדֵּךְ רַב.
4. אֲנִי אָבִיו וְאָבִיהָ. הוּא בְּנִי וְהִיא בִּתִּי.
5. זֹאת אַרְצוֹ וְהוּא מַלְכָּהּ.
6. הַיּוֹם יוֹם טוֹב. הַיּוֹם אֲנִי אָב.
7. בֵּיתְךָ גָּדוֹל וּבֵיתִי גָּדוֹל. הַבָּתִּים גְּדוֹלִים.
8. הָעוֹלָם הוּא מַלְכוּתוֹ.
9. אִמֵּךְ טוֹבָה וּדְבָרָהּ אֱמֶת.

Selections from the Prayerbook

See if you can translate these prayers on your own. The information below will help you.

סֶלָה	יְהַלְלוּךָ	בְּכָל
Selah	will praise you	in every

אַתָּה קָדוֹשׁ וְשִׁמְךָ קָדוֹשׁ,
וּקְדוֹשִׁים בְּכָל יוֹם יְהַלְלוּךָ סֶלָה.
בָּרוּךְ אַתָּה, יְיָ, הָאֵל הַקָּדוֹשׁ.

The word וְשִׁמְךָ has the ending ךָ ־ <u>your</u> *m* attached, to give it the meaning <u>and your name</u>. The word וּקְדוֹשִׁים, meaning <u>and holy ones</u>, is the masculine plural form of the adjective קָדוֹשׁ, used as a noun.

"Thou art holy, and thy Name is holy, and the holy praise thee daily. Selah. Blessed art thou, O Lord, the holy God."
Daily Prayer Book, Hertz, 1975, p. 455

בָּאָרֶץ	גּוֹי	כְּעַמְּךָ
in the land	people	like your people

אַתָּה אֶחָד וְשִׁמְךָ אֶחָד, וּמִי כְּעַמְּךָ יִשְׂרָאֵל,
גּוֹי אֶחָד בָּאָרֶץ?

"You are One, Your name is One, and there is none like your people Israel, a people unique on the earth."
Gates of Prayer, Central Conference of American Rabbis, 1975, p. 171

Chapter 7

Possessive Endings For Singular Nouns: II

Oral Review Exercise

Read and translate the following sentences orally.

1. מַה שְּׁמֶךְ?
שְׁמִי אַבְרָהָם.
מִי הִיא?
הִיא בִּתִּי, וּשְׁמָהּ לֵאָה.

2. מָה הָאָרֶץ הַקְּדוֹשָׁה?
הָאָרֶץ הַקְּדוֹשָׁה הִיא יִשְׂרָאֵל.
יִשְׂרָאֵל אַרְצִי. מָה אַרְצֵךְ?
אַרְצִי הִיא יִשְׂרָאֵל.

3. הַיּוֹם בֵּיתִי הוּא בֵּיתֵךְ.
הַיּוֹם מַלְכוּתִי הִיא מַלְכוּתֵךְ.
הַיּוֹם עוֹלָמִי הוּא עוֹלָמֵךְ.

4. מִי הָאָבוֹת הַגְּדוֹלִים?
אַבְרָהָם אָב גָּדוֹל וְחַסְדּוֹ רַב.
מֹשֶׁה אָב גָּדוֹל וְתוֹרָתוֹ קְדוֹשָׁה.

Vocabulary

lord, master *m*	אָדוֹן, אֲדוֹנִים
love *f*	אַהֲבָה
light *m*	אוֹר, אוֹרִים
generation *m*	דּוֹר, דּוֹרוֹת
festival *m*	חַג, חַגִּים
honor, glory *m*	כָּבוֹד
heart *m*	לֵב, לֵבָב, לְבָבוֹת
evil, bad	רַע, רָעָה, רָעִים, רָעוֹת

• There are two words for <u>heart</u> used interchangeably in the prayerbook: לֵב and לֵבָב. לְבָבוֹת is the plural of both forms.

• The words טוֹב <u>good</u> and רַע <u>evil</u> can be used as adjectives to describe other nouns, or they can be used as nouns to indicate the general idea of <u>good</u> or <u>evil</u>.

Possessive Endings: <u>Our</u>, <u>Your</u>, <u>Their</u>

In the last chapter you learned that the English words <u>my</u>, <u>your</u>, <u>his</u> and <u>her</u> are expressed in Hebrew by attaching endings to the base form of a noun. In this chapter, you will learn the Hebrew endings that mean <u>our</u>, <u>your</u> (plural) and <u>their</u>. In general, these endings are attached to the same base form as the <u>my</u>, <u>your</u>, <u>his</u> and <u>her</u> endings.

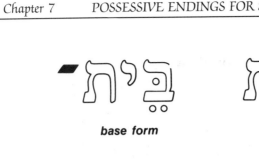

בֵּית־	***base form***	בַּיִת	**house**
בֵּיתֵנוּ	**our house**	בֵּיתִי	**my house**
בֵּיתְכֶם	**your house** *m pl*	בֵּיתְךָ	**your house** *m sg*
בֵּיתְכֶן	**your house** *f pl*	בֵּיתֵךְ	**your house** *f sg*
בֵּיתָם	**their house** *m*	בֵּיתוֹ	**his house**
בֵּיתָן	**their house** *f*	בֵּיתָהּ	**her house**

Singular Nouns with All Possessive Endings

Many nouns change their vowels when endings are added.

word .... דָּבָר

base form .... ־דְּבַר

our word .... דְּבָרֵנוּ	my word .... דְּבָרִי
your word *m pl* ..... דְּבַרְכֶם	your word *m sg* .... דְּבָרְךָ
your word *f pl* .... דְּבַרְכֶן	your word *f sg* .... דְּבָרֵךְ
their word *m* .... דְּבָרָם	his word .... דְּבָרוֹ
their word *f* .... דְּבָרָן	her word .... דְּבָרָהּ

Some nouns do not change their vowels when endings are added.

generation .... דּוֹר

base form .... ־דּוֹר

our generation .... דּוֹרֵנוּ	my generation .... דּוֹרִי
your generation *m* .. דּוֹרְכֶם	your generation *m* .... דּוֹרְךָ
your generation *f* .... דּוֹרְכֶן	your generation *f* ..... דּוֹרֵךְ
their generation *m* ... דּוֹרָם	his generation .... דּוֹרוֹ
their generation *f* ...... דּוֹרָן	her generation .... דּוֹרָהּ

When possessive endings are attached to words that end in אָה, the ה is replaced by ת.

love .... אַהֲבָה

base form .... אַהֲבַת־

our love .... אַהֲבָתֵנוּ	my love .... אַהֲבָתִי
your love *m pl* ... אַהֲבַתְכֶם	your love *m sg* ..... אַהֲבָתְךָ
your love *f pl* ...... אַהֲבַתְכֶן	your love *f sg* .... אַהֲבָתֵךְ
their love *m* .... אַהֲבָתָם	his love .... אַהֲבָתוֹ
their love *f* .... אַהֲבָתָן	her love .... אַהֲבָתָהּ

The word אָב has unusual endings.

father .... אָב

base form .... אָבִי־

our father .... אָבִינוּ	my father .... אָבִי
your father *m pl* .... אֲבִיכֶם	your father *m sg* ...... אָבִיךָ
your father *f pl* ...... אֲבִיכֶן	your father *f sg* .... אָבִיךְ
their father *m* .... אֲבִיהֶם	his father .... אָבִיו
their father *f* .... אֲבִיהֶן	her father .... אָבִיהָ

You do not need to memorize all the changes that take place when nouns have possessive endings attached. You only need to recognize the nouns and the various possessive endings.

Adjectives and Nouns with Endings

You have already learned that nouns with ה the attached are definite nouns. Nouns with possessive endings attached are also definite.

a daughter (any daughter: not definite)..................... בַּת

the daughter (a specific daughter: definite)................. הַבַּת

my daughter (a specific daughter: definite)................. בִּתִּי

All definite nouns are used with adjectives in the same way. If the adjective has a ה attached, the definite noun and the adjective together form a phrase, and the ה on the adjective is not translated.

the good daughter	הַבַּת הַטּוֹבָה
my good daughter	בִּתִּי הַטּוֹבָה
our good daughter	בִּתֵּנוּ הַטּוֹבָה
good Sarah	שָׂרָה הַטּוֹבָה

If the adjective does not have a ה attached, the definite noun and the adjective together form a sentence.

The daughter is good.	הַבַּת טוֹבָה.
My daughter is good.	בִּתִּי טוֹבָה.
Our daughter is good.	בִּתֵּנוּ טוֹבָה.
Sarah is good.	שָׂרָה טוֹבָה

Exercises

1. Translate the following nouns with endings into English.

1. אַהֲבָתֵנוּ, אוֹרֵנוּ, כְּבוֹדֵנוּ, חַגֵּנוּ, לִבֵּנוּ, דּוֹרֵנוּ,
אָבִינוּ, מַלְכֵּנוּ, עַמֵּנוּ, אַרְצֵנוּ, בִּתֵּנוּ, בֵּיתֵנוּ
2. בִּרְכַּתְכֶם, דְּבַרְכֶם, עַמְּכֶם, בִּתְּכֶם, כְּבוֹדְכֶם, בִּנְכֶם,
אַהֲבַתְכֶם, אֲבִיכֶם, מַלְכְּכֶם, אַרְצְכֶם, מַלְכוּתְכֶם, אִמְּכֶם
3. אֲבִיכֶן, שִׁמְכֶן, אַרְצְכֶן, מַלְכְּכֶן, אוֹרְכֶן, יוֹמְכֶן
4. בֵּיתָם, מַלְכוּתָם, אוֹרָם, אֲבִיהֶם, עַמָּם, שְׁמָם, כְּבוֹדָם,
אִמָּם, אַהֲבָתָם, אַרְצָם, בְּנָם, אֲדוֹנָם, מַלְכָּם
5. דּוֹרָן, לִבָּן, אֲבִיהֶן, דְּבָרָן, חַגָּן, כְּבוֹדָן, אַרְצָן

2. Match the following Hebrew nouns and their possessive endings with the English translations below.

חַגְּךָ	בֵּיתָם	אֲבִיהֶם	כְּבוֹדוֹ	אֲדוֹנֵנוּ
לִבִּי	חַסְדָּם	אוֹרְכֶן	אַהֲבָתָם	מַלְכוּתְכֶם
אִמָּם	דּוֹרָן	כְּבוֹדִי	מַלְכֵּנוּ	תּוֹרָתֵנוּ
לִבָּהּ	בְּנֵנוּ	אַרְצְכֶם	אוֹרֵנוּ	אֲדוֹנְךָ

1. their kindness
2. our son
3. your land
4. my heart
5. their love
6. his glory
7. their mother
8. their generation
9. our king
10. their father
11. your kingdom
12. your festival
13. our light
14. our Torah
15. your light
16. my honor
17. your master
18. her heart
19. our lord
20. their house

3. In the following sentences, choose the correct word from those shown in parentheses to fill in the blanks. Translate.

1. הַמְּלָכִים בְּרוּכִים, וּ_____ גָּדוֹל.
(כְּבוֹדָהּ, כְּבוֹדְכֶן, כְּבוֹדוֹ, כְּבוֹדָם)
2. שְׁמוֹ מֹשֶׁה, הוּא הַמֶּלֶךְ וּ_____ יִשְׂרָאֵל.
(מַלְכוּתֵךְ, מַלְכוּתוֹ, מַלְכוּתָם)
3. הַתּוֹרָה אוֹרֵנוּ, וּבָרוּךְ _____.
(דוֹרִי, דוֹרֵנוּ, דוֹרְכֶם, דוֹרָם, דוֹרוֹ)
4. הֵם עַמִּים רָעִים, וַ_____ הוּא מֶלֶךְ רַע.
(בִּרְכָתָם, שְׁמָם, אַרְצָם, אֲדוֹנָם)
5. אֲנִי הָאָב וְאַתְּ הָאֵם. הִיא _____.
(בִּתֵּךְ, בִּתָּם, בִּתּוֹ, בִּתֵּנוּ, בִּתָּהּ)
6. מַה כְּבוֹדֵךְ? _____ הוּא כְּבוֹדִי.
(אַרְצָם, מַלְכוּתָהּ, בְּנִי, הָאֲדוֹנִים)

4. Rewrite the sentences below, replacing the underlined word with each word that follows. Make the necessary changes in the rest of the sentence. Read aloud and translate.

1. מִי <u>אִמְּכֶם</u>? אִמֵּנוּ לֵאָה.
א. אִמֵּךְ ב. אִמּוֹ ג. אִמָּם ד. אִמָּהּ ה. אִמְּךָ
2. <u>אֲדוֹנִי</u> רַע, וּבֵיתוֹ גָּדוֹל.
א. הַבָּנִים ב. בִּתָּהּ ג. אֲבִיכֶם ד. אַתְּ
3. <u>אֲנַחְנוּ</u> אָבוֹת בְּרוּכִים, וְחַסְדֵּנוּ רַב.
א. אַתֶּם ב. הוּא ג. אֲנִי ד. הֵם
4. <u>מֹשֶׁה</u> רַע וּמַלְכוּתוֹ רָעָה וְדוֹרוֹ רַע.
א. אֲנַחְנוּ ב. אִמֵּנוּ ג. הֵם ד. אַתָּה

5. Translate the following sentences into Hebrew.

1. A land is blessed.

   A good land is blessed.

   The good land is blessed.

   Our land is blessed.

   Our good land is blessed.

2. The king is a father.

   The great king is a father.

   Our king is a father.

   Our great king is a father.

   Our great king is a good father.

6. Translate the following sentences into English.

1. אַבְרָהָם אָבִי וְלִבּוֹ רַע. שָׂרָה אִמִּי וְלִבָּהּ טוֹב.
אֲנִי בִּתָּם. אֲנִי טוֹבָה וְרָעָה.
2. דּוֹרְכֶם גָּדוֹל, וּכְבוֹדוֹ רַב, וְהַחַגִּים קְדוֹשִׁים.
3. אֲבִיהֶם הוּא אֲדוֹנָם וְחַסְדּוֹ רַב.
4. הָאוֹרִים רַבִּים, וְהֶחָג גָּדוֹל, וּשְׁמוֹ "חֲנֻכָּה".
הַבָּנִים וְהַבָּנוֹת בְּרוּכִים הַיּוֹם.
5. אַהֲבָתֵךְ הִיא אוֹרִי. מַה טוֹב לִבֵּךְ!
6. מַלְכֵּנוּ רַע, וּמַלְכוּתוֹ רָעָה, וְאַרְצֵנוּ רָעָה,
וְעַמֵּנוּ רַע, וְדוֹרֵנוּ רַע, וְעוֹלָמֵנוּ רַע—
וְהַיּוֹם יוֹם טוֹב! הַיּוֹם הוּא הַשַּׁבָּת!
7. דְּבַרְכֶם רַע וּדְבָרֵנוּ אֱמֶת.
8. יוֹם אֶחָד בְּנֵנוּ טוֹב, וְיָמִים רַבִּים הוּא רַע.
יוֹם אֶחָד בִּתֵּנוּ רָעָה, וְיָמִים רַבִּים הִיא טוֹבָה.
בִּתֵּנוּ הִיא אוֹרֵנוּ.

After the Shema

אֶחָד אֱלֹהֵינוּ, גָּדוֹל אֲדוֹנֵינוּ, קָדוֹשׁ שְׁמוֹ.

You now know all the words in this prayer, which you have already seen in Chapter 5.

"One is our God; Great is our Lord; Holy is his name."
Daily Prayer Book, Birnbaum, 1977, p. 366

From the Avinu Malkeinu

רַחֲמֶיךָ	לְמַעַן	עֲשֵׂה	קוֹלֵנוּ	שְׁמַע
your mercies	for the sake of	do (it)	our voice	hear

אָבִינוּ מַלְכֵּנוּ, שְׁמַע קוֹלֵנוּ . . .

אָבִינוּ מַלְכֵּנוּ, עֲשֵׂה לְמַעַן רַחֲמֶיךָ הָרַבִּים.

אָבִינוּ מַלְכֵּנוּ, עֲשֵׂה לְמַעַן שִׁמְךָ הַגָּדוֹל . . .

"Our Father, our King! hear our voice . . .

"Our Father, our King! do it for the sake of thine abundant mercies.

"Our Father, our King! do it for the sake of thy great . . . name . . . "
Prayer Book for the New Year, Philips, 1927, p. 89

Chapter 8

Participles

Oral Review Exercise

Read and translate the following sentences orally.

1. אֲנַחְנוּ הַבָּנִים וְאַתְּ אִמֵּנוּ.
אֲנַחְנוּ הַבָּנוֹת וְאַתָּה אָבִינוּ.
אַתֶּם הַבָּנִים וַאֲנִי אִמְּכֶם.
אַתֶּן הַבָּנוֹת וַאֲנִי אֲבִיכֶן.
הֵם הַבָּנִים וְהִיא אִמָּם.

2. אַהֲבָתִי רַבָּה וְלִבִּי גָּדוֹל.
אַהֲבָתֵנוּ רַבָּה וְלִבֵּנוּ גָּדוֹל.
אַהֲבָתְךָ רַבָּה וְלִבְּךָ גָּדוֹל.
אַהֲבַתְכֶם רַבָּה וְלִבְּכֶם גָּדוֹל.
אַהֲבָתוֹ רַבָּה וְלִבּוֹ גָּדוֹל.
אַהֲבָתָם רַבָּה וְלִבָּם גָּדוֹל.

3. הַמֶּלֶךְ טוֹב וּשְׁמוֹ בָּרוּךְ.
מַלְכְּכֶם טוֹב וּשְׁמוֹ בָּרוּךְ.
מַלְכּוֹ טוֹב וּשְׁמוֹ בָּרוּךְ.
מַלְכֵּךְ טוֹב וּשְׁמוֹ בָּרוּךְ.
מַלְכָּם טוֹב וּשְׁמוֹ בָּרוּךְ.

Vocabulary

loving	אוֹהֵב
saying	אוֹמֵר
creating	בּוֹרֵא
going, walking	הוֹלֵךְ
remembering	זוֹכֵר
forming, shaping	יוֹצֵר
giving	נוֹתֵן
doing, making	עוֹשֶׂה

The Participle

Verbs are action words, like give, make, or remember. A participle is a special kind of verb, which describes action in a variety of different ways. Hebrew participles are very much like Hebrew adjectives. In Hebrew, participles and adjectives are used in similar ways, and they both have four forms: masculine singular, feminine singular, masculine plural, and feminine plural. In this book, we will usually translate Hebrew participles with the English form -ing: giving, making, remembering. Because this translation sometimes sounds awkward in English, we will also give alternative translations.

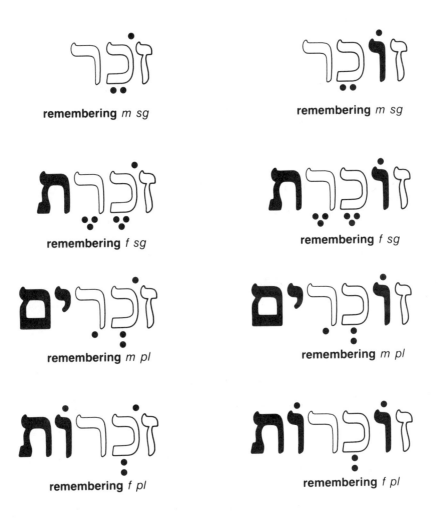

זֹכֵר **remembering** *m sg*	זוֹכֵר **remembering** *m sg*
זֹכֶרֶת **remembering** *f sg*	זוֹכֶרֶת **remembering** *f sg*
זֹכְרִים **remembering** *m pl*	זוֹכְרִים **remembering** *m pl*
זֹכְרוֹת **remembering** *f pl*	זוֹכְרוֹת **remembering** *f pl*

Participles may be spelled with or without a ו. Both spellings are pronounced the same way. You will occasionally see other words in the prayerbook spelled without a ו. For example, שָׁלוֹם sometimes appears as שָׁלֹם, and גָּדוֹל sometimes appears as גָּדֹל.

Here is a chart showing the four forms of the participles introduced in the vocabulary of this chapter. The participles בּוֹרֵא creating and יוֹצֵר forming are not included in this chart. In the prayerbook they refer only to God's activity, and appear only in the masculine singular form.

	f pl	*m pl*	*f sg*	*m sg*
loving	אוֹהֲבוֹת	אוֹהֲבִים	אוֹהֶבֶת	אוֹהֵב
saying	אוֹמְרוֹת	אוֹמְרִים	אוֹמֶרֶת	אוֹמֵר
going	הוֹלְכוֹת	הוֹלְכִים	הוֹלֶכֶת	הוֹלֵךְ
remembering	זוֹכְרוֹת	זוֹכְרִים	זוֹכֶרֶת	זוֹכֵר
giving	נוֹתְנוֹת	נוֹתְנִים	נוֹתֶנֶת	נוֹתֵן
making, doing	עוֹשׂוֹת	עוֹשִׂים	עוֹשָׂה	עוֹשֶׂה

The participle עוֹשֶׂה has slightly different forms than the other participles introduced in this chapter.

Participles and Nouns

Participles must match the nouns they describe.

מֶלֶךְ זוֹכֵר

a remembering king *or*
a king who remembers

מְלָכִים זוֹכְרִים

remembering kings *or*
kings who remember

אֵם זוֹכֶרֶת

a remembering mother *or*
a mother who remembers

אִמָּהוֹת זוֹכְרוֹת

remembering mothers *or*
mothers who remember

Participles in Sentences and Phrases

You will often see participles used with nouns in sentences and phrases in the same way that adjectives are used. When a Hebrew participle is used with a definite noun to form a phrase, the participle must have a ה attached. This ה is not translated.

the good son	הַבֵּן הַטּוֹב
the remembering son *or* the son who is remembering	הַבֵּן הַזּוֹכֵר
our good mother	אִמֵּנוּ הַטּוֹבָה
our remembering mother *or* our mother who is remembering	אִמֵּנוּ הַזּוֹכֶרֶת
the good kings	הַמְּלָכִים הַטּוֹבִים
the remembering kings *or* the kings who are remembering	הַמְּלָכִים הַזּוֹכְרִים

When a Hebrew participle is used with a definite noun to form a complete sentence, the participle does not have ה attached.

The son is good.	הַבֵּן טוֹב.
The son is remembering.	הַבֵּן זוֹכֵר.
The kings are good.	הַמְּלָכִים טוֹבִים.
The kings are remembering.	הַמְּלָכִים זוֹכְרִים.

Participles as Nouns

Hebrew participles, like adjectives, can be used by themselves as nouns.

He is the holy one.	הוּא הַקָּדוֹשׁ.
He is the loving one. *or* He is the one who is loving.	הוּא הָאוֹהֵב.

Participles Followed by Other Nouns

In all its uses, a participle may be followed by another noun.

The son is remembering.	הַבֵּן זוֹכֵר.
The son is remembering a nation.	הַבֵּן זוֹכֵר עַם.
The son is doing.	הַבֵּן עוֹשֶׂה.
The son is doing kindness.	הַבֵּן עוֹשֶׂה חֶסֶד.
the son who is remembering	הַבֵּן הַזּוֹכֵר
the son who is remembering a nation	הַבֵּן הַזּוֹכֵר עַם
the son who is loving	הַבֵּן הָאוֹהֵב
the son who is loving peace	הַבֵּן הָאוֹהֵב שָׁלוֹם
the one who is remembering	הַזּוֹכֵר
the one who is remembering a nation	הַזּוֹכֵר עַם
the one who is giving	הַנּוֹתֵן
the one who is giving a blessing	הַנּוֹתֵן בְּרָכָה

Summary

Here are examples of all the uses of participles that you have learned in this chapter.

a giving king	מֶלֶךְ נוֹתֵן
The king is giving.	הַמֶּלֶךְ נוֹתֵן.
the giving king	הַמֶּלֶךְ הַנּוֹתֵן
the giving one	הַנּוֹתֵן

Other Ways of Translating Participles

In this chapter, we have translated Hebrew participles as remembering, giving, loving, and so on. This is usually the most accurate translation of the Hebrew participle. Often, however, these words sound awkward in an English translation. Because of this, you will often see participles translated in different ways.

The king is giving. *or* The king gives.	הַמֶּלֶךְ נוֹתֵן.
the giving king *or* the king who is giving *or* the king who gives	הַמֶּלֶךְ הַנּוֹתֵן
the giving one *or* the one who is giving *or* the giver	הַנּוֹתֵן

In the exercises and examples in this book, we will usually use the -ing translation, since in general it is closest to the meaning of the Hebrew. You should be aware, however, that other translations are also correct.

Exercises

1. Match the following Hebrew participle phrases with the English translations listed below.

הוּא הַנֹּתֵן	אָנוּ זוֹכְרִים	אֲנִי הָאוֹהֵב
אַתָּה הוֹלֵךְ	אֲנִי זֹכֵר	הַמְּלָכִים נוֹתְנִים
הָאֵם עֹשָׂה	הַבָּנוֹת הַהוֹלכוֹת	אַתֶּם הֹלְכִים
הַבָּנוֹת אֹהֲבוֹת	אֲנַחְנוּ זֹכְרִים	אַתָּה אוֹהֵב
הוּא אֹמֵר	אֲנִי אֹהֵב	הָאֵם הַנּוֹתֶנֶת
הַמְּלָכִים הָעוֹשִׂים		

1. You are walking.
2. the doing kings
3. I am remembering.
4. He is the giving one.
5. He is saying.
6. We are remembering.
7. the giving mother
8. You are walking.
9. The daughters are loving.
10. I am loving.
11. You are loving.
12. the walking daughters
13. I am the loving one.
14. The kings are giving.
15. The mother is doing.
16. We are remembering.

2. Translate the following sentences and phrases into English.

1. הַמֶּלֶךְ הֹלֵךְ.
2. הַמֶּלֶךְ הַהוֹלֵךְ
3. הָאֵם הוֹלֶכֶת.
4. הָאֵם הַהֹלֶכֶת
5. הָאָבוֹת הוֹלְכִים.
6. הָאָבוֹת הַהוֹלְכִים
7. הַבָּנוֹת הֹלְכוֹת.
8. הַבָּנוֹת הַהוֹלְכוֹת
9. אֲנִי אוֹמֵר דְּבָרִים טוֹבִים.
10. אַתְּ אֹמֶרֶת דְּבָרִים טוֹבִים.
11. אָנוּ אוֹמְרִים דְּבָרִים טוֹבִים.
12. הֵן אוֹמְרוֹת דְּבָרִים טוֹבִים.
13. הַמְּלָכִים עוֹשִׂים חַג קָדוֹשׁ.
14. מֹשֶׁה עֹשֶׂה שָׁלוֹם.
15. בִּתִּי עוֹשָׂה טוֹב.
16. שָׂרָה וְלֵאָה עֹשׂוֹת חֶסֶד רַב.

3. Fill in the blank with the correct form of the participle given in parentheses. Translate the sentence into English.

Example: הָאֵם ____ בְּרָכָה. (נוֹתֵן) הָאֵם נוֹתֶנֶת בְּרָכָה.

1. בַּת בְּרוּכָה ____ אֱמֶת. (אוֹהֵב)
2. דּוֹרֵנוּ ____ שָׁלוֹם. (עוֹשֶׂה)
3. הַתּוֹרָה ____ אֱמֶת וְשָׁלוֹם. (נוֹתֵן)
4. אֵלֶּה הַבָּנִים____ . (הוֹלֵךְ)
5. אָבִינוּ וְאִמֵּנוּ ____ "אַתֶּם בָּנִים טוֹבִים." (אוֹמֵר)

4. Rewrite the sentences below, replacing the underlined word with each word that follows. Make the necessary changes in the rest of the sentence. Read aloud and translate.

1. הוּא <u>עוֹשֶׂה</u> חֶסֶד.
   א. הָעוֹשֶׂה ב. עוֹשָׂה ג. עוֹשִׂים ד. הָעוֹשׂוֹת
2. <u>אֲנַחְנוּ</u> אוֹמְרִים: "הַשַּׁבָּת הִיא יוֹם קָדוֹשׁ."
   א. אֲנִי ב. הָאִמָּהוֹת ג. אִמִּי ד. אַתֶּם ה. בְּנֵנוּ
3. הַיּוֹם <u>אֲנִי</u> הוֹלֵךְ וְזוֹכֵר דָּבָר טוֹב.
   א. בְּנֵךְ ב. בִּתֵּנוּ ג. אַתֶּם ד. הַבָּנוֹת ה. אֲנַחְנוּ
4. <u>הַמֶּלֶךְ</u> הַטּוֹב אוֹהֵב חַגִּים רַבִּים.
   א. הָאָבוֹת ב. דּוֹרֵנוּ ג. בִּתְּכֶם ד. אִמָּהוֹת
5. <u>הָאָבוֹת</u> הַזּוֹכְרִים, הֵם <u>הָאָבוֹת</u> הַטּוֹבִים.
   א. הַבָּנוֹת ב. בְּנוֹ ג. אִמְּכֶם ד. אָבִינוּ
6. הַיּוֹם <u>שָׂרָה</u> עוֹשָׂה טוֹב וּבְנָהּ עוֹשֶׂה רַע.
   א. מֹשֶׁה ב. הָאֵם וְהָאָב ג. אֲנַחְנוּ ד. מַלְכְּכֶם
7. <u>הוּא</u> נוֹתֵן בְּרָכָה וְאִמּוֹ אוֹמֶרֶת: "אַתָּה בָּרוּךְ!"
   א. הִיא ב. הַבָּנִים ג. הַבָּנוֹת ד. אֲנַחְנוּ

5. Translate the following sentences into English.

1. לִבִּי טוֹב וַאֲנִי עוֹשֶׂה טוֹב.
לִבָּם רַע, וְהֵם עֹשִׂים רַע.
2. הַמְּלָכִים נוֹתְנִים כָּבוֹד, וּמַלְכוּתָם בְּרוּכָה.
3. מֹשֶׁה זֹכֵר מַלְכוּיוֹת וַאֲרָצוֹת. בְּנוֹ וּבִתּוֹ רָעִים.
אַבְרָהָם זוֹכֵר חַגִּים וּבְרָכוֹת. בְּנוֹ וּבִתּוֹ טוֹבִים.
4. הָאָבוֹת אֹהֲבִים חֶסֶד, וְזוֹכְרִים שַׁבָּתוֹת וְעוֹשִׂים שָׁלוֹם.
בֵּיתָם וְאַרְצָם בְּרוּכִים, וְאַהֲבָתָם רַבָּה.
5. הַתּוֹרָה נוֹתֶנֶת אוֹר וְאַהֲבָה.
דְּבָרָהּ הוּא אֱמֶת, וְעַמָּהּ הוּא יִשְׂרָאֵל.
6. הַבָּנִים הָאוֹמְרִים דְּבָרִים טוֹבִים, הֵם עוֹשִׂים חֶסֶד,
וַאֲבִיהֶם בָּרוּךְ.
7. הַדּוֹר הָאֹהֵב שָׁלוֹם, הוּא זֹכֵר חֶסֶד וְעוֹשֶׂה טוֹב.

6. In each chapter from now on, the last exercise will present phrases taken directly from the prayerbook. These phrases use only the words and language patterns you already know. Check your translations on pages 249-253. Sometimes a letter (such as ו) has been removed from a word to make a phrase easier to translate.

1. וְאַתָּה נוֹתֵן
2. הַמֶּלֶךְ הַגָּדוֹל
3. קָדוֹשׁ הוּא
4. אַהֲבָה רַבָּה
5. דּוֹר וָדוֹר
6. חֲסָדִים טוֹבִים
7. עַמּוֹ יִשְׂרָאֵל
8. וְזֹאת הַתּוֹרָה
9. מֶלֶךְ גָּדוֹל וְקָדוֹשׁ אַתָּה
10. אַתָּה קָדוֹשׁ וְשִׁמְךָ קָדוֹשׁ
11. עֹשֶׂה אוֹרִים גְּדוֹלִים
12. וּשְׁמוֹ אֶחָד

The Oseh Shalom

עֹשֶׂה שָׁלוֹם בִּמְרוֹמָיו, הוּא יַעֲשֶׂה שָׁלוֹם עָלֵינוּ

upon us — may he make — in his heights

וְעַל כָּל יִשְׂרָאֵל, וְאִמְרוּ אָמֵן.

amen — and say — all — and upon

The participle עֹשֶׂה may be translated as one who is making, or as making one, maker (of).

"May he who creates peace in his high heavens create peace for us and for all Israel. Amen."
Daily Prayer Book, Birnbaum, 1977, p. 96

The Blessing After the Barechu

חֹשֶׁךְ אֶת הַכֹּל

everything — darkness

בָּרוּךְ אַתָּה, יְיָ אֱלֹהֵינוּ, מֶלֶךְ הָעוֹלָם, יוֹצֵר אוֹר
וּבוֹרֵא חֹשֶׁךְ, עֹשֶׂה שָׁלוֹם, וּבוֹרֵא אֶת הַכֹּל.

There are four participles in this blessing, all of them referring to God.

"Praised be the Lord our God, Ruler of the universe, who makes light and creates darkness, who ordains peace and fashions all things."
Gates of Prayer, Central Conference of American Rabbis, 1975, p. 55

Chapter 9

Prepositions

Oral Review Exercises

Give the correct form of the participle for each new word.

אֲנִי הוֹלֵךְ	לֵאָה נוֹתֶנֶת	הַמֶּלֶךְ זוֹכֵר
הוּא	הֵם	הָאָדוֹן
אָנוּ	אַתְּ	אַתֶּם
שָׂרָה	אֲנִי	אֲנַחְנוּ
אַתְּ	משֶׁה	אֲנִי
אַתָּה	הַבָּנוֹת	הָאִמָּהוֹת
בִּתֵּנוּ	אֲבִיכֶם	אִמּוֹ
הֵם	הָאָבוֹת	בְּנוֹ

Read and translate the following sentences orally.

הָאָב אוֹמֵר: "מָה עֹשָׂה שָׂרָה בִּתִּי?"
הָאֵם אוֹמֶרֶת: "בִּתְּךָ שָׂרָה עוֹשָׂה חֶסֶד."
הָאָב אֹמֵר: "מָה עֹשֶׂה משֶׁה בְּנִי?"
הָאֵם אֹמֶרֶת: "משֶׁה בִּנְךָ עוֹשֶׂה בְּרָכָה."
הָאָב אֹמֵר: "בְּנִי וּבִתִּי בָּנִים טוֹבִים."
הַבֵּן וְהַבַּת אֹמְרִים: "זֹאת הָאֱמֶת!"

Vocabulary

there is not, there are not	אֵין
to, towards	אֶל
in, with	בְּ־
between, among	בֵּין
like, as	כְּ־
to, for	לְ־
before, in front of	לִפְנֵי
from	מִ־, מִן
above, upon, about	עַל

Prepositions

A preposition is a word which is used to show a relation-ship to a noun.

<u>among</u> the daughters

<u>to</u> the house

<u>like</u> kings

<u>in</u> the land

In this chapter, you will learn about the two kinds of Hebrew prepositions: prepositions that are separate words and prepositions that are attached to other words.

Prepositions as Separate Words

Some Hebrew prepositions are separate words.

to, towards .... אֶל	before, in front of ...... לִפְנֵי
between, among .... בֵּין	above, upon, about ...... עַל

They are used in sentences in much the same way as English prepositions.

He is going to the house.	הוּא הוֹלֵךְ אֶל הַבַּיִת.
He is walking between the houses.	הוּא הוֹלֵךְ בֵּין הַבָּתִּים.
He is walking in front of a house.	הוּא הוֹלֵךְ לִפְנֵי בַּיִת.
He is walking on the land.	הוּא הוֹלֵךְ עַל הָאָרֶץ.

The same form of the preposition is used, whether the noun following it is definite or indefinite, singular or plural, masculine or feminine.

She is walking to a house.	הִיא הוֹלֶכֶת אֶל בַּיִת.
She is walking to the house.	הִיא הֹלֶכֶת אֶל הַבַּיִת.
She is walking to the houses.	הִיא הוֹלֶכֶת אֶל הַבָּתִּים.
She is walking to the land.	הִיא הוֹלֶכֶת אֶל הָאָרֶץ.
She is walking to the lands.	הִיא הוֹלֶכֶת אֶל הָאֲרָצוֹת.
She is walking to her mother.	הִיא הוֹלֶכֶת אֶל אִמָּהּ.

Prepositions Attached to Words

Some Hebrew prepositions are not separate words. These prepositions are attached directly to other words.

in, with	בְּ־
like, as	כְּ־
to, for	לְ־

When a word does not have a ה the attached, the prepositions בְּ־, כְּ־, and לְ־ usually take the vowel Xְ or Xִ.

like a king	כְּמֶלֶךְ	in a house	בְּבַיִת
like our king	כְּמַלְכֵּנוּ	in his house	בְּבֵיתוֹ
like kings	כִּמְלָכִים	in houses	בְּבָתִּים
like Sarah	כְּשָׂרָה	in Israel	בְּיִשְׂרָאֵל
with kindness	בְּחֶסֶד	to a father	לְאָב
with your kindness	בְּחַסְדְּךָ	to my father	לְאָבִי
to his people	לְעַמּוֹ	to fathers	לְאָבוֹת
like a blessing	כִּבְרָכָה	to Israel	לְיִשְׂרָאֵל

These prepositions that are attached to Hebrew words are called inseparable prepositions.

The Prepositions -בְּ, -כְּ, and -לְ with הַ

When the prepositions -בְּ, -כְּ, and -לְ are attached to a word with הַ <u>the</u>, the following changes take place:

- The הַ is dropped.
- The vowel that appeared under the הַ (Xַ, Xָ, or Xֶ) is transferred to the preposition.

mother
house
to a mother
in a house
the mother
the house
to the mother
in the house

The Preposition מִן and מִ־

The Hebrew preposition from has two forms: מִן and מִ־. The form מִן is always separate from the noun and is used like other prepositions.

I am walking from the house.	אֲנִי הוֹלֵךְ מִן הַבַּיִת.
They are going from the land.	הֵם הוֹלְכִים מִן הָאָרֶץ.

The form מִ־ is always attached to the noun. It normally has the vowel X̣; sometimes, however, it has the vowel X̤.

from a king	מִמֶּלֶךְ
from his son	מִבְּנוֹ
from a land	מֵאֶרֶץ
from Leah	מִלֵּאָה

The preposition מִ־ can be attached to a noun that has a ה meaning the. The ה is not dropped when מִ־ is attached, as it is when the prepositions בְּ־, כְּ־, or לְ־ are attached.

to a land	לְאֶרֶץ	in a house	בְּבַיִת
to the land	לָאָרֶץ	in the house	בַּבַּיִת
from a land	מֵאֶרֶץ	from a house	מִבַּיִת
from the land	מֵהָאָרֶץ	from the house	מֵהַבַּיִת

The Word אֵין

The word אֵין may be translated in several ways: <u>not</u>, <u>there is/are no</u>, <u>there is/are not</u>, <u>there is/are none</u>. The best translation is usually clear from the surrounding words. אֵין usually appears at the beginning of a sentence.

There is none like Abraham.	אֵין כְּאַבְרָהָם.
There is no truth in the world.	אֵין אֱמֶת בָּעוֹלָם.
There are no kings in the land.	אֵין מְלָכִים בָּאָרֶץ.

Notice that the same form אֵין is used whether the nouns are masculine or feminine, singular or plural, definite or indefinite.

Exercises

1. Translate the following phrases into English.

7. דּוֹרוֹת	5. לֵב	3. מֶלֶךְ	1. בֵּין הָעַמִּים
בְּדוֹרוֹת	בְּלֵב	לְמֶלֶךְ	לִפְנֵי הֶחָג
הַדּוֹרוֹת	הַלֵּב	הַמֶּלֶךְ	אֶל הַמֶּלֶךְ
בַּדּוֹרוֹת	בַּלֵּב	לַמֶּלֶךְ	עַל הָאָרֶץ
מֵהַדּוֹרוֹת	בְּלִבִּי	לְמַלְכּוֹ	מִן הַמַּלְכוּת

8. מִן הָאָרֶץ	6. דְּבָרִים	4. שֵׁם	2. דָּבָר
מֵהָאָרֶץ	כִּדְבָרִים	כְּשֵׁם	בְּדָבָר
מִן הַמֶּלֶךְ	הַדְּבָרִים	הַשֵּׁם	הַדָּבָר
מֵהַמֶּלֶךְ	כַּדְּבָרִים	כַּשֵּׁם	בַּדָּבָר
וְלַמֶּלֶךְ	בַּדְּבָרִים	כִּשְׁמוֹ	בִּדְבָרוֹ

2. Match the following Hebrew phrases with the English translations below.

עַל לְבָבְךָ	לְאִמָּהּ	כִּבְרָכָה
בְּשָׁלוֹם	עַל הָאָרֶץ	אֶל בֵּיתְךָ
מִמֹּשֶׁה	לִפְנֵי הֶחָג	מִדּוֹר
לְבֵן	בְּבֵיתָם	אֶל הַנּוֹתֵן
לִפְנֵי שַׁבָּת	לְשָׂרָה	עַל עַמָּם
מִן הַמֶּלֶךְ	בְּמַלְכוּתִי	מִלִּבִּי
עַל כְּבוֹדִי	בֵּין הַבָּנוֹת	מִן הָאָרֶץ
כַּתּוֹרָה	אֶל אָבִינוּ	לְאַבְרָהָם
בְּשֵׁם	מִיִּשְׂרָאֵל	בֶּאֱמֶת
לִפְנֵי לֵאָה		

1. to our father
2. in my kingdom
3. to Abraham
4. on the earth
5. like a blessing
6. in truth
7. from my heart
8. to Sarah
9. from Israel
10. before Sabbath
11. from Moses
12. to a son
13. with a name
14. in peace
15. from the earth
16. to the one who is giving
17. among the daughters
18. before the festival
19. on your heart
20. to your house
21. from a generation
22. about their people
23. like the Torah
24. in front of Leah
25. in their house
26. from the king
27. to her mother
28. upon my honor

3. Add the prepositions in parentheses to the words. Translate.

1. אָב (ל)
2. הָאָב (מ)
3. יִשְׂרָאֵל (ב)
4. מֹשֶׁה (כ)
5. אִמּוֹ (ל)
6. הַבְּרָכָה (ב)
7. הָאָרֶץ (ב)
8. שַׁבָּת (ל)
9. שָׂרָה (כ)
10. הַבַּת (ל)
11. שָׁלוֹם (ל)
12. בֵּיתוֹ (ב)
13. הַמַּלְכוּיוֹת (ב)
14. עוֹלָם (ל)
15. הָאָדוֹן (כ)
16. אַהֲבָה (ב)
17. הָאוֹר (מ)
18. כָּבוֹד (ל)

4. Translate the following groups of sentences.

1. שָׂרָה הוֹלֶכֶת לְבַיִת.
שָׂרָה הוֹלֶכֶת לַבַּיִת.
שָׂרָה הוֹלֶכֶת לְבֵיתָהּ.

Sarah is going to his house.

2. מֹשֶׁה כְּאָבִיו.
מֹשֶׁה כְּאָבִיו הַטּוֹב.
אֵין אָב כְּמֹשֶׁה.

There is no father like his father.

3. הַמֶּלֶךְ מֵהָאָרֶץ הַגְּדוֹלָה.
הַמֶּלֶךְ הוּא מִן הָאָרֶץ.
הַמֶּלֶךְ הוּא מֵאַרְצֵנוּ.

The good king is from our land.

4. הַבָּנִים בְּבַיִת.
הַבָּנִים בַּבַּיִת.
הַבָּנִים בְּבֵיתִי.
אֵין בָּנִים בְּבֵיתִי.

There are no sons in our house.

5. Fill in each blank with a preposition that fits the rest of the sentence. The prepositions may be separate words, or inseparable. Translate.

1. הָאָבוֹת הוֹלְכִים ______ בֵּיתָם ______ אַרְצֵנוּ.
2. אֲנַחְנוּ עֹשִׂים חֶסֶד ______ מַלְכֵּנוּ.
3. ______ בֵּיתֵנוּ, אָבִינוּ אֹמֵר דְּבָרִים טוֹבִים______הַשַּׁבָּת.
4. אֵין דּוֹר ______ עוֹלָם ______ דּוֹרֵנוּ.
5. אֲנִי הוֹלֵךְ ______ הַמֶּלֶךְ וְנוֹתֵן כָּבוֹד רַב ______ הַמֶּלֶךְ.
6. הָאָבוֹת עוֹשִׂים שָׁלוֹם ______ הַבָּנוֹת.

6. Rewrite the sentences below, replacing the underlined word with each word that follows. Make the necessary changes in the rest of the sentence. Read aloud and translate.

1. הַמֶּלֶךְ אוֹהֵב שָׁלוֹם בְּאַרְצוֹ.

א. אִמָּם ב. אֲנִי וְאָבִי ג. לֵאָה וּבִתָּהּ ד. אָבִינוּ

2. הִיא הֹלֶכֶת לְבֵיתִי וַאֲנִי הוֹלֵךְ לְבֵיתָהּ.

א. מִ־ ב. אֶל ג. לִפְנֵי ד. בְּ־

3. אֲנִי אֹמֵר דְּבָרִים רַבִּים עַל דּוֹרִי.

א. שָׂרָה ב. אֲנַחְנוּ ג. אַבְרָהָם ד. אַתָּה

4. הָאָב הָעֹשֶׂה חֶסֶד הוּא הוֹלֵךְ מֵאַרְצוֹ אֶל אַרְצִי.

א. הָאֵם ב. הֵם ג. אַתָּה ד. הָאִמָּהוֹת

5. לִפְנֵי הַשַּׁבָּת אַבְרָהָם נוֹתֵן בְּרָכָה לִבְנוֹ.

א. אִמָּהּ ב. אֲנַחְנוּ ג. מֹשֶׁה וְלֵאָה ד. אַתָּה

6. אֵין רַע בִּלְבִּי הַיּוֹם. בְּנִי וּבִתִּי בְּבֵיתִי.

א. בְּלִבּוֹ ב. בִּלְבָבְךָ ג. בְּלִבָּהּ ד. בְּלִבֵּךְ

7. לֵאָה כְּבַת לְשָׂרָה וְהִיא עוֹשָׂה שָׁלוֹם בְּבֵיתָהּ.

א. אֲנִי ב. מֹשֶׁה ג. אַתָּה ד. אֲנַחְנוּ ה. הֵם

7. Translate the following sentences into English.

1. בֶּאֱמֶת אֵין בַּיִת כְּבֵיתֵנוּ בְּיִשְׂרָאֵל.
2. הֵם זוֹכְרִים יָמִים לִפְנֵי הֶחָג.
3. בְּאַהֲבָה רַבָּה לֵאָה נוֹתֶנֶת חֶסֶד לְעַמָּהּ.
4. אֵין מֶלֶךְ רַע כְּמַלְכֵּנוּ, הוּא עוֹשֶׂה רַע לְאִמּוֹ.
5. מֹשֶׁה הוֹלֵךְ לִפְנֵי הַמֶּלֶךְ וְהוּא אוֹמֵר:
   "אֲנִי עֹשֶׂה שָׁלוֹם בֵּין בִּנְךָ וּבֵין בִּתְּךָ."
6. זֹאת הַבְּרָכָה עַל הַתּוֹרָה הַקְּדוֹשָׁה.
7. אֵין כְּשָׂרָה בֵּין הָאִמָּהוֹת וְאֵין כְּאַבְרָהָם בֵּין הָאָבוֹת.
8. מִי הָעָם הַהוֹלֵךְ מֵאֶרֶץ לְאֶרֶץ?

8. Translate the following poem into Hebrew. The lines will rhyme when translated correctly.

Our holy Torah gives light
to many sons and daughters in the generation.
The ones who are doing kindness in their house
give love and peace to the world.

9. You can translate these phrases from the prayerbook. Check your translations on pages 249–253.

1. עַל לְבָבֶךָ
2. מֵעוֹלָם שִׁמְךָ
3. אַתָּה מֵעוֹלָם
4. בְּשִׁמְךָ בֶּאֱמֶת
5. עֹשֶׂה שָׁלוֹם
6. וְעַל הָאָרֶץ
7. מִן הָאָרֶץ
8. בֶּאֱמֶת בָּרוּךְ אַתָּה
9. מֵעַל הָאָרֶץ הַטּוֹבָה
10. הָאוֹמֵר וְעוֹשֶׂה
11. עַל עַמְּךָ יִשְׂרָאֵל
12. תּוֹרָה לְעַמּוֹ יִשְׂרָאֵל
13. בַּתּוֹרָה וּבְמֹשֶׁה וּבְיִשְׂרָאֵל עַמּוֹ
14. עַל הַתּוֹרָה וְעַל יוֹם הַשַּׁבָּת

Ein Keloheinu

This hymn is sung every Sabbath in synagogues the world over.

מוֹשִׁיעַ	נוֹדֶה
savior	we will give thanks

אֵין כֵּאלֹהֵינוּ
אֵין כַּאדוֹנֵינוּ
אֵין כְּמַלְכֵּנוּ
אֵין כְּמוֹשִׁיעֵנוּ.

נוֹדֶה לֵאלֹהֵינוּ
נוֹדֶה לַאדוֹנֵינוּ
נוֹדֶה לְמַלְכֵּנוּ
נוֹדֶה לְמוֹשִׁיעֵנוּ.

מִי כֵאלֹהֵינוּ?
מִי כַאדוֹנֵינוּ?
מִי כְמַלְכֵּנוּ?
מִי כְמוֹשִׁיעֵנוּ?

בָּרוּךְ אֱלֹהֵינוּ
בָּרוּךְ אֲדוֹנֵינוּ
בָּרוּךְ מַלְכֵּנוּ
בָּרוּךְ מוֹשִׁיעֵנוּ.

אַתָּה הוּא אֱלֹהֵינוּ
אַתָּה הוּא אֲדוֹנֵינוּ
אַתָּה הוּא מַלְכֵּנוּ
אַתָּה הוּא מוֹשִׁיעֵנוּ.

See if you can translate this prayer on your own, then check the prayerbook translation on pages 247–248.

Chapter 10

Word Pairs: I

Oral Review Exercise

Read and translate the following sentences orally.

1. הַמֶּלֶךְ הוֹלֵךְ לִפְנֵי הַבָּתִּים.
הַמֶּלֶךְ הוֹלֵךְ אֶל הַבָּתִּים.
הַמֶּלֶךְ הוֹלֵךְ בֵּין הַבָּתִּים.
הַמֶּלֶךְ הוֹלֵךְ עַל הָאָרֶץ.

2. הַבָּנִים הוֹלְכִים אֶל אֶרֶץ טוֹבָה.
הַבָּנִים הוֹלְכִים לְאֶרֶץ טוֹבָה.
הַבָּנִים הוֹלְכִים לָאָרֶץ הַטּוֹבָה.
הַבָּנִים הוֹלְכִים מִן הָאָרֶץ הַטּוֹבָה.
הַבָּנִים הוֹלְכִים מֵהָאָרֶץ הַטּוֹבָה.

3. אֵין בֵּן בַּדּוֹר כְּמֹשֶׁה.
אֵין בֵּן בְּדוֹרֵנוּ כְּמֹשֶׁה.
אֵין בֵּן בַּדּוֹר כִּבְנֵנוּ.
אֵין בֵּן בְּדוֹרֵנוּ כִּבְנֵנוּ.

4. אַבְרָהָם עוֹשֶׂה שָׁלוֹם עַל הָעָם.
אַבְרָהָם עוֹשֶׂה שָׁלוֹם עַל עַמּוֹ.
אַבְרָהָם עוֹשֶׂה שָׁלוֹם עַל עַמּוֹ בְּאַהֲבָה.
בֶּאֱמֶת, אַבְרָהָם עוֹשֶׂה שָׁלוֹם עַל עַמּוֹ בְּאַהֲבָה.

Vocabulary

covenant *f* .... בְּרִית

David .... דָּוִד

life *m* .... חַיִּים

exodus, going-out *f* ..... יְצִיאָה, יְצִיאוֹת

shield, defender *m* .... מָגֵן, מָגִנִּים

Egypt .... מִצְרַיִם

righteousness *f* .... צְדָקָה

Zion .... צִיּוֹן

compassion, mercy *m* .... רַחֲמִים

of .... שֶׁל

The words חַיִּים life and רַחֲמִים compassion are always plural in Hebrew, even though they are translated with singular English words. The participles and adjectives that are used with these words must also be plural.

a good life	חַיִּים טוֹבִים
much compassion	רַחֲמִים רַבִּים

At this point you may find it helpful to make flash cards to help you learn new vocabulary words, and review old ones. Write each Hebrew word on one side of a 3x5 card, and its English translation on the other side. Test yourself, and spend extra time practicing words that give you trouble.

Hebrew Word Pairs

In both English and Hebrew a noun can be used to describe another noun. In English, the word <u>of</u> is often used when two nouns are joined in this way.

SINGLE NOUN	TWO JOINED NOUNS
shield	shield of Abraham
Sabbath	Sabbath of peace
land	land of Israel
king	king of Israel

When a Hebrew noun is used to describe another Hebrew noun, the two nouns are usually joined without adding a word between them. We will call two nouns joined in this way a <u>word pair</u>. The first word of a word pair should be translated with <u>of</u> following it. Here are some examples of word pairs as they appear in the prayerbook.

the <u>shield of</u> Abraham	מָגֵן אַבְרָהָם
the <u>shield of</u> David	מָגֵן דָּוִד
the <u>day of</u> Sabbath	יוֹם שַׁבָּת
<u>Sabbath of</u> peace	שַׁבַּת שָׁלוֹם
the <u>land of</u> Israel	אֶרֶץ יִשְׂרָאֵל
the <u>king of</u> Israel	מֶלֶךְ יִשְׂרָאֵל
<u>covenant of</u> eternity	בְּרִית עוֹלָם

Some words do not change when they appear as the first word of a word pair.

mother — אֵם

mother of a house — אֵם בַּיִת

land — אֶרֶץ

land of love — אֶרֶץ אַהֲבָה

Some words change their vowels when they appear as the first word of a word pair.

word — דָּבָר

word of a father — דְּבַר אָב

son — בֵּן

son of a king — בֶּן מֶלֶךְ

glory — כָּבוֹד

glory of a kingdom — כְּבוֹד מַלְכוּת

When a word that ends in Xָה is the first word of a word pair, the ה changes to ת.

love — אַהֲבָה

love of peace — אַהֲבַת שָׁלוֹם

Even when changes take place in a word, its basic letters do not change. The second word of a word pair always remains unchanged.

מֶלֶךְ
king

עַם
people

מֶלֶךְ עַם
king of a people

בַּיִת
house

מֶלֶךְ
king

בֵּית מֶלֶךְ
house of a king

צְדָקָה
righteousness

אָב
father

צִדְקַת אָב
righteousness of a father

Definite Word Pairs

The first word of a Hebrew word pair never appears in a definite form: it never has a ה <u>the</u> or possessive endings attached.

The second word of a word pair can be definite or indefinite. When it is indefinite, the entire word pair is indefinite.

a son of a king	בֶּן מֶלֶךְ
a Sabbath of peace	שַׁבַּת שָׁלוֹם

When the second word of a word pair is definite, the entire word pair is definite. The first word of a definite word pair is translated with <u>the</u>, even though it does not have the ה attached.

<u>the</u> son of the king	בֶּן הַמֶּלֶךְ
<u>the</u> king of the universe	מֶלֶךְ הָעוֹלָם
<u>the</u> land of Israel	אֶרֶץ יִשְׂרָאֵל
<u>the</u> glory of his kingdom	כְּבוֹד מַלְכוּתוֹ

Word Pairs in Sentences

When word pairs are used in sentences with participles and other verb forms, the verb must match the <u>first</u> word of the word pair.

The son of the king is walking.	בֶּן הַמֶּלֶךְ הוֹלֵךְ.
The daughter of the king is walking.	בַּת הַמֶּלֶךְ הוֹלֶכֶת.

Word Pair Strings

More than two nouns can be joined together to form word pair strings. As in simple word pairs, the last word remains unchanged. All the other words appear as they do when they are the first word of a word pair. They should be translated with the word <u>of</u> following them.

the kindness of the mother of Jacob	חֶסֶד אֵם יַעֲקֹב
the name of the glory of his kingdom	שֵׁם כְּבוֹד מַלְכוּתוֹ
the love of the kindness of the lord of the house	אַהֲבַת חֶסֶד אֲדוֹן הַבַּיִת

When the last word of a string is definite, the entire string is definite.

The Word שֶׁל

Prayerbook Hebrew most commonly uses word pairs to join nouns together. There is, however, a separate Hebrew word that means <u>of</u>: שֶׁל. This word is used like the English word <u>of</u> to join two nouns.

a life of peace	חַיִּים שֶׁל שָׁלוֹם
a candle of Sabbath	נֵר שֶׁל שַׁבָּת
the son of the father	הַבֵּן שֶׁל הָאָב

You will see word pairs in prayerbook Hebrew much more often than you will see שֶׁל.

Exercises

1. Translate the following phrases into English.

1. דָּבָר קָדוֹשׁ
2. דְּבַר הָאָב
3. חֶסֶד רַב
4. חֶסֶד אִמֵּנוּ
5. שֵׁם טוֹב
6. שֵׁם הַבַּת
7. הָאָדוֹן הַגָּדוֹל
8. אֲדוֹן הָאָרֶץ
9. הַבַּיִת הַטּוֹב
10. בֵּית רַחֲמִים
11. הַתּוֹרָה הַקְּדוֹשָׁה
12. תּוֹרַת אֱמֶת
13. הָעָם הַבָּרוּךְ
14. עַם הָאָרֶץ
15. לֵב רַע
16. לֵב לֵאָה
17. הַבְּרִית הַקְּדוֹשָׁה
18. בְּרִית חַיִּים
19. הַיְצִיאָה הַגְּדוֹלָה
20. יְצִיאַת צִיּוֹן
21. הַמָּגֵן הַטּוֹב
22. מָגֵן דָּוִד
23. מַלְכוּת גְּדוֹלָה
24. מַלְכוּת צְדָקָה

2. Change the following word pairs into separate nouns, and translate.

Examples:

אַהֲבַת חֶסֶד	אַהֲבָה	חֶסֶד
בֶּן הַמֶּלֶךְ	הַבֵּן	הַמֶּלֶךְ

1. אוֹר חַיִּים
2. כְּבוֹד דּוֹרְךָ
3. יְצִיאַת מִצְרַיִם
4. בַּת צִיּוֹן
5. בִּרְכַּת הֶחָג
6. דּוֹר הַקְּדוֹשִׁים
7. צִדְקַת הָעָם
8. בְּרִית דָּוִד
9. אֲדוֹן בֵּיתָם
10. מֶלֶךְ מִצְרַיִם
11. עַם הַתּוֹרָה
12. אַהֲבַת רַחֲמִים
13. מָגֵן הָאָבוֹת
14. בֶּן מֹשֶׁה
15. דְּבַר בְּרָכָה
16. לֵב אִמִּי

3. Match the following Hebrew word pairs with the English translations below.

יוֹם הַשַּׁבָּת	לֵב מֹשֶׁה	עַם יִשְׂרָאֵל
אֶרֶץ יִשְׂרָאֵל	יְצִיאַת מִצְרַיִם	כְּבוֹד הַמֶּלֶךְ
אַהֲבַת רַחֲמִים	שֵׁם אֲבִיהֶם	כְּבוֹד הַשַּׁבָּת
אֵם עַמֵּנוּ	בֵּית הַבָּנִים	הַבְּרָכָה שֶׁל הַיּוֹם
מַלְכוּת צִיּוֹן	מָגֵן אַבְרָהָם	שַׁבַּת שָׁלוֹם
תּוֹרַת אֱמֶת	דְּבַר תּוֹרָה	בְּרִית יִשְׂרָאֵל
בְּרִית עוֹלָם	מֶלֶךְ מִצְרַיִם	הָאוֹר שֶׁל הַיּוֹם
בַּת הַמֶּלֶךְ	אַהֲבַת חֶסֶד	תּוֹרַת חַיִּים
דְּבַר צְדָקָה	בֶּן בְּרִית	דּוֹר דָּוִד

1. a Sabbath of peace

2. the name of their father

3. the day of the Sabbath

4. the blessing of the day

5. a Torah of truth

6. the land of Israel

7. the people of Israel

8. a son of a covenant

9. the going out of Egypt

10. shield of Abraham

11. a covenant of eternity

12. a word of righteousness

13. the kingdom of Zion

14. the daughter of the king

15. the covenant of Israel

16. the heart of Moses

17. the mother of our people

18. love of kindness

19. Torah of life

20. love of mercy

21. the glory of the Sabbath

22. the house of the sons

23. the king of Egypt

24. the light of the day

25. the honor of the king

26. the generation of David

27. a word of Torah

4. Translate the Hebrew into English and the English into Hebrew.

בֶּן מֶלֶךְ .1

בֶּן הַמֶּלֶךְ .2

בֶּן הַמֶּלֶךְ הַטּוֹב .3

בֶּן הַמֶּלֶךְ טוֹב. .4

בֶּן הַמֶּלֶךְ הַטּוֹב הוֹלֵךְ אֶל מִצְרַיִם. .5

בֶּן הַמֶּלֶךְ הַטּוֹב הוֹלֵךְ אֶל בֵּיתוֹ. .6

7. The son of the king is going to his big house.

8. The son of the king is going to his house on the Sabbath.

אֵם דָּוִד .9

אֵם דָּוִד הַטּוֹב .10

אֵם דָּוִד טוֹבָה. .11

אֵם דָּוִד נוֹתֶנֶת רַחֲמִים. .12

אֵם דָּוִד נוֹתֶנֶת רַחֲמִים בְּאַהֲבָה. .13

14. The mother of David is giving mercy to her daughter.

15. The mother of David is giving mercy to the daughter of Zion.

אֲדוֹן הָאָרֶץ .16

אֲדוֹן אֶרֶץ יִשְׂרָאֵל .17

אֲדוֹן אֶרֶץ יִשְׂרָאֵל עוֹשֶׂה רַחֲמִים. .18

אֲדוֹן אֶרֶץ יִשְׂרָאֵל עוֹשֶׂה שָׁלוֹם. .19

אֲדוֹן אֶרֶץ יִשְׂרָאֵל עוֹשֶׂה שָׁלוֹם בַּבַּיִת. .20

אֲדוֹן הָאָרֶץ עוֹשֶׂה שָׁלוֹם בֵּין בֵּיתֵנוּ וּבֵין בֵּיתְכֶם. .21

22. The lord of the land is in the house of his son.

23. The lord of the land is making peace in our house.

5. In each sentence, fill in the blank with the correct form of the word in parentheses. Translate.

1. בַּת מֹשֶׁה ______ צְדָקָה לְבְנָהּ הַטּוֹב. (עוֹשֶׂה)
2. מֶלֶךְ צִיּוֹן ______ דְּבָרִים רַבִּים לְעַם יִשְׂרָאֵל. (אוֹמֵר)
3. הָאָבוֹת שֶׁל עַמֵּנוּ ______ חֶסֶד וְרַחֲמִים. (אוֹהֵב)
4. ______ אִמָּם טוֹב, וּ______ הַמֶּלֶךְ גָּדוֹל. (בַּיִת)
5. אֵין אַהֲבָה כְּ______ אַבְרָהָם וְאֵין צְדָקָה כְּ______ מֹשֶׁה. (אַהֲבָה, צְדָקָה)

6. Translate the following letter and response.

other, another .... אַחֵר

Dear Abby,

אֲנִי אֵם טוֹבָה. אֲנִי עוֹשָׂה חֶסֶד לִבְנִי. אֲנִי נוֹתֶנֶת אַהֲבָה וּדְבָרִים רַבִּים לִבְנִי. אֲנִי נוֹתֶנֶת חַיִּים טוֹבִים לִבְנִי. בֶּאֱמֶת אֲנִי אֵם טוֹבָה.
וּמַה הוּא עוֹשֶׂה?
הוּא הוֹלֵךְ אֶל הַבָּתִּים שֶׁל הַבָּנוֹת. בְּיוֹם אֶחָד הוּא הוֹלֵךְ אֶל בֵּית לֵאָה. בְּיוֹם אַחֵר הוּא הוֹלֵךְ אֶל בֵּית שָׂרָה. אֵין בִּבְנִי אַהֲבַת בֵּיתוֹ. אֵין אַהֲבַת אִמּוֹ הַטּוֹבָה בְּלִבּוֹ. מַה טּוֹב לִבְנִי בִּיצִיאָה מִבֵּיתֵנוּ? אֵין כְּבוֹד אִמָּהוֹת בְּדוֹר בְּנִי. הַיּוֹם אֵין דְּבַר רַחֲמִים בְּלִבִּי.

בְּשָׁלוֹם,
אֵם טוֹבָה

אֵם טוֹבָה,
בִּנֵךְ בֵּן טוֹב. הַיּוֹם הוּא בְּבֵיתִי.

Abby

7. Rewrite the sentences below, replacing the underlined word with each word that follows. Make the necessary changes in the rest of the sentence. Read aloud and translate.

1. עַם יִשְׂרָאֵל עוֹשֶׂה חֶסֶד, וְחַסְדּוֹ כְּחֶסֶד מֹשֶׁה.
   א. מֶלֶךְ יִשְׂרָאֵל ב. אֵם מֹשֶׁה ג. הַבָּנוֹת שֶׁל הַמֶּלֶךְ
   ד. עַמִּים רַבִּים
2. בַּת דָּוִד טוֹבָה וּבְרוּכָה.
   א. בֵּן ב. שֵׁם ג. אֵם ד. צְדָקָה ה. בַּיִת
3. הָאָב הָלַךְ מֵאֶרֶץ מִצְרַיִם אֶל אַרְצוֹ.
   א. אֵם אַבְרָהָם ב. הָאֲדוֹנִים ג. הָאִמָּהוֹת ד. אָנוּ
4. בִּרְכַּת אַבְרָהָם עוֹשָׂה טוֹב לְעַם יִשְׂרָאֵל.
   א. בְּרִית ב. חֶסֶד ג. אַהֲבָה ד. צְדָקָה
5. הָאֵם אָמְרָה לַבָּנִים בְּבֵיתָהּ:
   "אֵין דָּבָר טוֹב בְּדוֹרִי כִּיצִיאַת מִצְרַיִם בְּדוֹר מֹשֶׁה."
   א. מֶלֶךְ הָאָרֶץ ב. הָאָבוֹת שֶׁל הָעָם ג. שָׂרָה וְלֵאָה
   ד. בֵּן אַבְרָהָם

8. You can now translate these phrases from the prayerbook.

1. אֲדוֹן עוֹלָמִים
2. מֶלֶךְ הָעוֹלָם
3. תּוֹרַת אֱמֶת
4. לִיצִיאַת מִצְרַיִם
5. מָגֵן אַבְרָהָם
6. כְּבוֹד שְׁמוֹ
7. וְלִכְבוֹד הַתּוֹרָה
8. לְצִיּוֹן בְּרַחֲמִים
9. עַמְּךָ יִשְׂרָאֵל בְּרַחֲמִים
10. לְיִשְׂרָאֵל בְּרִית עוֹלָם
11. מֶלֶךְ אוֹהֵב צְדָקָה
12. לְחַיִּים טוֹבִים
13. עַמְּךָ בֵּית יִשְׂרָאֵל
14. עַל עַמְּךָ בִּרְכָתֶךָ
15. וְעַל יוֹם הַשַּׁבָּת
16. וְעַל יוֹם חַג הַמַּצּוֹת

The translations for these can be found on pages 249–253.

From the Shema

לְעוֹלָם וָעֶד
forever

בָּרוּךְ שֵׁם כְּבוֹד מַלְכוּתוֹ לְעוֹלָם וָעֶד.

The second, third, and fourth words form a word pair string. Notice that the last word in the string is definite, making the whole string definite.

From the Kedushah

מָקוֹם
place

בָּרוּךְ כְּבוֹד יְיָ מִמְּקוֹמוֹ.

The second and third words form a word pair. Because the third word is definite, the word pair is definite.

From Sim Shalom

. . . תּוֹרַת חַיִּים וְאַהֲבַת חֶסֶד, וּצְדָקָה
וּבְרָכָה וְרַחֲמִים וְחַיִּים וְשָׁלוֹם.

The first and second words form a word pair, as do the third and fourth words.

See if you can translate these prayers on your own, then check the prayerbook translation on pages 247-248.

Chapter 11

Word Pairs: II

Oral Review Exercise

Read and translate the following sentences orally.

wine *m* .... יַיִן

also .... גַּם

אֵם דָּוִד נוֹתֶנֶת מָגֵן לְדָוִד בְּנָהּ.
הִיא אוֹמֶרֶת: "דָּוִד, זֶה מָגֵן טוֹב!
וְשֵׁם הַמָּגֵן 'מָגֵן דָּוִד'."
דָּוִד אוֹמֵר לְאִמּוֹ: "אֲנִי אוֹהֵב מָגִנִּים.
מָגִנִּי טוֹב, וְשֵׁם הַמָּגֵן טוֹב.
מָגִנִּי הוּא 'מָגֵן דָּוִד'."
אֵם דָּוִד נוֹתֶנֶת יַיִן לְדָוִד בְּנָהּ.
הִיא אוֹמֶרֶת: "זֶה יַיִן טוֹב."
דָּוִד אֹמֵר לְאִמּוֹ: "אֲנִי אוֹהֵב יַיִן.
מָגִנִּי טוֹב וְהַיַּיִן טוֹב.
שֵׁם מָגִנִּי הוּא 'מָגֵן דָּוִד'.
וְגַם שֵׁם הַיַּיִן 'מָגֵן דָּוִד'."
בֶּאֱמֶת, אֵין יַיִן בָּעוֹלָם כְּ"מָגֵן דָּוִד"!

Vocabulary

man *m* .... אִישׁ, אֲנָשִׁים

hand *f* .... יָד, יָדַיִם

Jacob .... יַעֲקֹב

Isaac .... יִצְחָק

all, every .... כֹּל, כָּל

for the sake of .... לְמַעַן

face *m* .... פָּנִים

wicked, evil *adj* . רָשָׁע, רְשָׁעָה, רְשָׁעִים, רְשָׁעוֹת

sky, heavens *m* .... שָׁמַיִם

- The words פָּנִים face and שָׁמַיִם sky are always plural in Hebrew, even though they are translated with singular English words. When these words are used with adjectives, the adjectives are plural.
- The plural of man אֲנָשִׁים can be translated people as well as men.
- The abbreviation adj means adjective.

Plural Nouns in Word Pairs

In the last chapter you learned how two Hebrew nouns can be joined together to form a word pair. All of the examples you were shown in that chapter used singular nouns. In this chapter, you will learn how plural nouns appear in word pairs.

Changes in Plural Nouns

Many plural nouns change their form when they are the first word of a Hebrew word pair. Remember that the second word of a Hebrew word pair always remains unchanged.

Plural Nouns Ending in X‍ים

When a plural noun that ends in X‍ים is the first word of a word pair, the X‍ים changes to X‍י.

nations	עַמִּים
the nations of the world	עַמֵּי הָעוֹלָם
people	אֲנָשִׁים
the people of Egypt	אַנְשֵׁי מִצְרַיִם
houses	בָּתִּים
the houses of Israel	בָּתֵּי יִשְׂרָאֵל

Sometimes there are additional vowel changes in the word.

words	דְּבָרִים
words of Torah	דִּבְרֵי תּוֹרָה
hands	יָדַיִם
the hands of Moses	יְדֵי מֹשֶׁה
sons	בָּנִים
the sons of Israel	בְּנֵי יִשְׂרָאֵל

Plural Nouns Ending in וֹת

When a plural noun ending in וֹת is the first word of a word pair, the וֹת ending remains. Often there are vowel changes in the rest of the word.

daughters	בָּנוֹת
the daughters of Israel	בְּנוֹת יִשְׂרָאֵל
lands	אֲרָצוֹת
the lands of the world	אַרְצוֹת הָעוֹלָם
fathers	אָבוֹת
the fathers of the nation	אֲבוֹת הָעָם
blessings	בְּרָכוֹת
the blessings of the Torah	בִּרְכוֹת הַתּוֹרָה
names	שֵׁמוֹת
the names of the sons	שְׁמוֹת הַבָּנִים
generations	דּוֹרוֹת
the generations of the world	דּוֹרוֹת הָעוֹלָם

Now you can understand the names of many Jewish organizations and synagogues. You should be aware that the Hebrew letter ת is often written in English as <u>th</u> instead of <u>t</u>.

B'nai Brith – sons of a covenant	בְּנֵי בְּרִית
Beth Shalom – house of peace	בֵּית שָׁלוֹם

דְּבָרִים

words

דִּבְרֵי הַתּוֹרָה

the words of the Torah

בָּנִים

sons

בְּנֵי יִשְׂרָאֵל

the sons of Israel

בָּנוֹת

daughters

בְּנוֹת הַמֶּלֶךְ

the daughters of the king

Definite Word Pairs

Remember that a word pair is indefinite when the last word is indefinite. It is definite when the last word is definite. The first word in the word pair should be translated with <u>the</u> when the last word is definite.

a son of a king	בֶּן מֶלֶךְ
the son of the king	בֶּן הַמֶּלֶךְ
sons of a king	בְּנֵי מֶלֶךְ
the sons of the king	בְּנֵי הַמֶּלֶךְ
the hand of Moses	יַד מֹשֶׁה
the hands of Moses	יְדֵי מֹשֶׁה
the name of the festivals	שֵׁם הַחַגִּים
the names of the festivals	שְׁמוֹת הַחַגִּים

Word Pairs in Sentences

Remember that when word pairs are used in sentences with participles and other verb forms, the verb must match the first word of the word pair.

The sons of Isaac are remembering.	בְּנֵי יִצְחָק זוֹכְרִים.
The daughters of Isaac are remembering.	בְּנוֹת יִצְחָק זוֹכְרוֹת.

Participles in Word Pairs

You have learned that participles sometimes act as nouns.

the giving one *or* the giver	הַנּוֹתֵן
the remembering ones	הַזּוֹכְרִים

Participles used in this way can appear as part of a word pair.

the giver of the Torah	נוֹתֵן הַתּוֹרָה
maker of peace	עוֹשֶׂה שָׁלוֹם
the rememberers of the covenant	זוֹכְרֵי הַבְּרִית
lovers of kindness	אוֹהֲבֵי חֶסֶד

Adjectives in Word Pairs

You have also learned that adjectives sometimes act as nouns.

the great ones	הַגְּדוֹלִים
the holy ones	הַקְּדוֹשִׁים
the evil ones	הָרְשָׁעִים

Adjectives used in this way can appear as part of a word pair.

the great ones of the generation	גְּדוֹלֵי הַדּוֹר
the holy ones of Israel	קְדוֹשֵׁי יִשְׂרָאֵל
the evil ones of the world	רִשְׁעֵי הָעוֹלָם

The Word כֹּל

The word כֹּל can mean all or every. When it is the first word of a word pair, it has the form כָּל. Both forms are pronounced coal.

every land	כָּל אֶרֶץ
all of the land	כָּל הָאָרֶץ
all of the lands	כָּל הָאֲרָצוֹת
every house	כָּל בַּיִת
all of the house	כָּל הַבַּיִת
all of the houses	כָּל הַבָּתִּים

When it is the second word of a word pair, it usually has a ה attached. This means it is definite, so the first word of the word pair is translated with the.

the lord of all	אֲדוֹן הַכֹּל
the love of all	אַהֲבַת הַכֹּל
the kings of all	מַלְכֵי הַכֹּל
the maker of all	עוֹשֵׂה הַכֹּל

The word הַכֹּל can also appear by itself, and is usually translated everything.

Everything is blessed.	הַכֹּל בָּרוּךְ.
Everything is holy.	הַכֹּל קָדוֹשׁ.

Exercises

1. Translate the following phrases into English.

1. דָּבָר קָדוֹשׁ
2. דְּבַר הָאָב
3. דְּבָרִים קְדוֹשִׁים
4. דִּבְרֵי הָאָב
5. יָד גְּדוֹלָה
6. יַד יַעֲקֹב
7. יָדַיִם גְּדוֹלוֹת
8. יְדֵי יַעֲקֹב
9. אֲנָשִׁים רְשָׁעִים
10. אַנְשֵׁי מִצְרַיִם
11. אוֹהֲבִים טוֹבִים
12. אוֹהֲבֵי אֱמֶת
13. הָאֲנָשִׁים הַקְּדוֹשִׁים
14. קְדוֹשֵׁי צִיּוֹן
15. פָּנִים רָעִים
16. פְּנֵי יִצְחָק
17. דּוֹרוֹת רַבִּים
18. דּוֹרוֹת הָעָם
19. אֲרָצוֹת בְּרוּכוֹת
20. אַרְצוֹת הַמַּלְכוּת
21. חַיִּים טוֹבִים
22. חַיֵּי הָאִישׁ הָרָשָׁע

2. The word pairs below are all names of Synagogues or Temples in the United States. You should now be able to translate most of the names of the Congregations in your community. Remember, the ת is often transliterated as th, as in בֵּית Beth or אַהֲבַת Ahavath.

1. בְּנֵי אוֹר
2. בְּנֵי יַעֲקֹב
3. בְּנֵי יִשְׂרָאֵל
4. בְּנֵי חַיִּים
5. בֵּית צִיּוֹן
6. בֵּית תּוֹרָה
7. בֵּית אַבְרָהָם
8. בֵּית שָׁלוֹם
9. אַהֲבַת אֱמֶת
10. אַהֲבַת חֶסֶד
11. אַהֲבַת שָׁמַיִם
12. אוֹהֲבֵי תוֹרָה
13. אוֹהֲבֵי שָׁמַיִם
14. אוֹהֲבֵי אַהֲבָה
15. אַנְשֵׁי יִשְׂרָאֵל
16. אַנְשֵׁי חֶסֶד

3. Find and write the correct Hebrew phrase for each English phrase listed below.

גְּדוֹלֵי הָעָם	דִּבְרֵי הַלֵּב	יְדֵי יִצְחָק
זוֹכֵר הַכֹּל	נוֹתֵן הַתּוֹרָה	פְּנֵי יַעֲקֹב
קְדוֹשֵׁי הָעוֹלָם	יַד מַלְכֵּנוּ	אֵם בָּנִים
בִּרְכוֹת הַיּוֹם	כָּל הַכָּבוֹד	כָּל דּוֹר
אַרְצוֹת מִצְרַיִם	דִּבְרֵי כָבוֹד	רִשְׁעֵי יִשְׂרָאֵל
מַלְכוּת שָׁמַיִם	בֶּן יִצְחָק	אוֹהֲבֵי שְׁמוֹ
עוֹשֵׂה שָׁלוֹם	פְּנֵי בְנָהּ	אוֹרוֹת הַשָּׁמַיִם
עוֹשֵׂי צְדָקָה	כְּבוֹד יַעֲקֹב	רַחֲמֵי הָאֲנָשִׁים
בְּנֵי בְרִית	אַנְשֵׁי צִיּוֹן	בִּרְכַּת חַיִּים

1. the words of the heart
2. the lights of the sky
3. a maker of peace
4. the compassion of the people
5. the blessings of the day
6. doers of righteousness
7. the face of her son
8. the lovers of his name
9. the giver of the Torah
10. the evil ones of Israel
11. the great ones of the nation
12. a kingdom of heaven
13. the rememberer of all
14. the holy ones of the world
15. the men of Zion
16. the lands of Egypt
17. every generation
18. the son of Isaac
19. the honor of Jacob
20. the hand of our king
21. a blessing of life
22. all the glory
23. the hands of Isaac
24. mother of children
25. sons of a covenant
26. words of honor
27. the face of Jacob

4. Translate the following phrases and sentences.

1. יַד הָאָב

2. יַד הָאָב גְּדוֹלָה.

3. יְדֵי הָאָב

4. יְדֵי הָאָב גְּדוֹלוֹת.

5. יְדֵי הָאָבוֹת גְּדוֹלוֹת.

6. All the hands of the fathers are big.

7. אִישׁ מִצְרַיִם

8. אִישׁ מִצְרַיִם רָשָׁע.

9. אַנְשֵׁי מִצְרַיִם רְשָׁעִים.

10. אַנְשֵׁי מִצְרַיִם עוֹשִׂים רַע.

11. אַנְשֵׁי מִצְרַיִם עוֹשִׂים רַע לִבְנֵי יִשְׂרָאֵל.

12. The people of Egypt are doing evil to the people of Zion.

13. בֶּן יַעֲקֹב הוֹלֵךְ אֶל בֵּיתוֹ.

14. בֶּן יַעֲקֹב הוֹלֵךְ אֶל בֵּית שָׂרָה.

15. בְּנֵי יַעֲקֹב הוֹלְכִים אֶל בֵּית שָׂרָה.

16. בְּנֵי יַעֲקֹב הוֹלְכִים אֶל בָּתֵּי שָׂרָה.

17. בְּנֵי יַעֲקֹב הוֹלְכִים אֶל בָּתֵּי הַקְּדוֹשִׁים.

18. The sons of Jacob are going to the houses of the fathers.

19. דָּוִד הַמֶּלֶךְ זוֹכֵר עַמּוֹ.

20. דָּוִד הַמֶּלֶךְ זוֹכֵר עַם יִשְׂרָאֵל.

21. דָּוִד הַמֶּלֶךְ זוֹכֵר אַנְשֵׁי יִשְׂרָאֵל.

22. מֶלֶךְ צִיּוֹן זוֹכֵר אַנְשֵׁי אַרְצוֹ.

23. מַלְכֵי צִיּוֹן זוֹכְרִים אַנְשֵׁי אַרְצָם.

5. Rewrite the sentences below, replacing the underlined word with each word that follows. Make the necessary changes in the rest of the sentence. Read aloud and translate.

1. יְדֵי <u>שָׂרָה</u> עוֹשׂוֹת צְדָקָה לְמַעַן בְּנֵי יַעֲקֹב.
   א. יְדֵי אַבְרָהָם ב. יִצְחָק ג. אַנְשֵׁי צִיּוֹן ד. הִיא
2. <u>הָאִישׁ</u> מִמִּצְרַיִם הוֹלֵךְ לִפְנֵי אַנְשֵׁי צִיּוֹן.
   א. הָאֲנָשִׁים ב. הָאֵם הָרְשָׁעָה ג. כָּל הַבָּנוֹת
3. <u>פְּנֵי</u> שָׂרָה טוֹבִים וַאֲנָשִׁים עוֹשִׂים חֶסֶד לְמַעַן אַהֲבָתָהּ.
   א. אָב ב. בָּנִים ג. בַּת ד. אָבוֹת
4. אֵין <u>אִישׁ</u> רָשָׁע כְּאִישׁ מִצְרַיִם.
   א. בַּת ב. מַלְכוּיוֹת ג. לְבָבוֹת ד. אֲנָשִׁים
5. <u>יַעֲקֹב וְיִצְחָק</u> אוֹהֲבֵי חֶסֶד וְזוֹכְרֵי בְּרִית לְמַעַן שָׁמַיִם.
   א. אַנְשֵׁי צִיּוֹן ב. בֵּן ג. אֵם דָּוִד ד. בְּנֵי הַתּוֹרָה

6. Translate the following sentences into English.

1. חַיֵּי יִצְחָק בִּידֵי אַבְרָהָם אָבִיו.
2. פְּנֵי לֵאָה כִּפְנֵי אִמָּהּ וְהִיא עֹשָׂה צְדָקָה כְּאָבִיהָ.
3. דָּוִד אוֹמֵר: "אֲנִי הוֹלֵךְ בְּכָל הָאָרֶץ וְאֵין אִישׁ אֱמֶת. כָּל אַנְשֵׁי הָאֱמֶת הֵם בַּשָּׁמַיִם."
4. זוֹכְרֵי בְּרִית יַעֲקֹב עוֹשִׂים רַחֲמִים לְמַעַן שָׁמַיִם.
5. אַנְשֵׁי מִצְרַיִם נוֹתְנִים מָגֵן בִּידֵי יַעֲקֹב.
6. בַּשָּׁמַיִם אֵין אֲנָשִׁים רְשָׁעִים. בַּשָּׁמַיִם הָאֲנָשִׁים עוֹשִׂים חֶסֶד וְרַחֲמִים. הֵם אוֹהֲבֵי צְדָקָה וְהֵם זוֹכְרֵי שְׁמוֹת כָּל מַלְכֵי יִשְׂרָאֵל.

7. Translate these phrases from the prayerbook.

1. כָּבוֹד לִשְׁמוֹ
2. בּוֹרֵא קְדוֹשִׁים
3. בְּכָל יוֹם
4. בְּכָל לְבָבְךָ
5. עַל לְבָבֶךָ
6. עַל יָדֶךָ
7. בְּכָל לְבַבְכֶם
8. עַל יֶדְכֶם
9. מֵאֶרֶץ מִצְרַיִם
10. בְּיַד מֹשֶׁה
11. לְמַעַן תּוֹרָתֶךָ
12. לְאִישׁ חֶסֶד
13. נוֹתֵן לְרָשָׁע רָע
14. בְּדִבְרֵי תוֹרָה
15. הַיּוֹם וּבְכָל יוֹם
16. עַל יִצְחָק בְּנוֹ
17. עַל יְדֵי מֹשֶׁה
18. עַל הַיָּד
19. בִּבְנֵי יִשְׂרָאֵל
20. וְאַנְשֵׁי הַשֵּׁם
21. כָּל הָאָרֶץ כְּבוֹדוֹ
22. דִּבְרֵי תּוֹרָתֶךָ בְּאַהֲבָה
23. לְשִׁמְךָ הַגָּדוֹל בֶּאֱמֶת
24. כִּימֵי הַשָּׁמַיִם עַל הָאָרֶץ
25. לִפְנֵי בְּנֵי יִשְׂרָאֵל
26. וּלְעוֹלְמֵי עוֹלָמִים
27. לְמֶלֶךְ עַל כָּל הָאָרֶץ
28. מֶלֶךְ מַלְכֵי הַמְּלָכִים
29. וְזוֹכֵר חַסְדֵי אָבוֹת
30. לְמַעַן שְׁמוֹ בְּאַהֲבָה
31. וְעַל כָּל יִשְׂרָאֵל עַמֶּךָ
32. אַבְרָהָם, יִצְחָק, וְיִשְׂרָאֵל
33. וְאוֹמְרִים . . .בְּכָל יוֹם
34. בְּכָל עַמֵּי הָאָרֶץ
35. מֶה חַסְדֵּנוּ
36. הוּא בֶּן בְּרִית
37. שִׁמְךָ בְּעוֹלָמֶךָ
38. לִפְנֵי . . .כְּבוֹדוֹ
39. מֵעַמְּךָ . . .וּמֵאַרְצְךָ
40. לִבִּי בְּתוֹרָתֶךָ
41. אַתָּה הוּא . . .בַּשָּׁמַיִם וּבָאָרֶץ וּבִשְׁמֵי הַשָּׁמַיִם
42. אֲנַחְנוּ עַמְּךָ, בְּנֵי בְרִיתֶךָ, בְּנֵי אַבְרָהָם
43. בְּרִיתִי יַעֲקוֹב, . . .בְּרִיתִי יִצְחָק, . . .בְּרִיתִי אַבְרָהָם

The translations for these can be found on pages 249–253.

From the Amidah

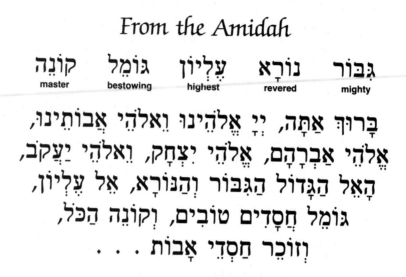

קוֹנֶה   גּוֹמֵל   עֶלְיוֹן   נוֹרָא   גִּבּוֹר

master   bestowing   highest   revered   mighty

בָּרוּךְ אַתָּה, יְיָ אֱלֹהֵינוּ וֵאלֹהֵי אֲבוֹתֵינוּ,

אֱלֹהֵי אַבְרָהָם, אֱלֹהֵי יִצְחָק, וֵאלֹהֵי יַעֲקֹב,

הָאֵל הַגָּדוֹל הַגִּבּוֹר וְהַנּוֹרָא, אֵל עֶלְיוֹן,

גּוֹמֵל חֲסָדִים טוֹבִים, וְקוֹנֵה הַכֹּל,

וְזוֹכֵר חַסְדֵי אָבוֹת . . .

There are several word pairs in this prayer.

אֱלֹהֵי אֲבוֹתֵינוּ

אֱלֹהֵי אַבְרָהָם

אֱלֹהֵי יִצְחָק

אֱלֹהֵי יַעֲקֹב

חַסְדֵי אָבוֹת

See if you can translate this prayer on your own, then check
the prayerbook translation on pages 247–248.

Chapter 12

Prepositions With Endings

Oral Review Exercise

Translate the following story. (Short Version) יְצִיאַת מִצְרַיִם

לֹא .... no

בְּמִצְרַיִם רָשָׁע הַמֶּלֶךְ, וּשְׁמוֹ פַּרְעֹה. כָּל הַיּוֹם
עוֹשֶׂה הוּא רָע לְאַנְשֵׁי יִשְׂרָאֵל. מֹשֶׁה הוּא אִישׁ גָּדוֹל
בֵּין בְּנֵי יִשְׂרָאֵל.

יוֹם אֶחָד בְּנֵי יִשְׂרָאֵל אוֹמְרִים לְמֹשֶׁה: "פַּרְעֹה עֹשֶׂה
רַע לְעַמֵּנוּ."

אֹמֵר מֹשֶׁה לְעַמּוֹ: "הוֹלֵךְ אֲנִי אֶל פַּרְעֹה לְמַעַן
בְּנֵי יִשְׂרָאֵל."

הוֹלֵךְ מֹשֶׁה לִפְנֵי פַּרְעֹה וְאֹמֵר: "עַמִּי,
יִשְׂרָאֵל, הוֹלֵךְ מִמִּצְרַיִם אֶל אֶרֶץ יִשְׂרָאֵל!"

פַּרְעֹה אֹמֵר: "לֹא!"

מֹשֶׁה אֹמֵר לְפַרְעֹה: "אַתָּה עוֹשֶׂה רַע לְעַמִּי."

פַּרְעֹה אֹמֵר: "אַנְשֵׁי יִשְׂרָאֵל הֵם אוֹהֲבֵי פַּרְעֹה."

מֹשֶׁה אֹמֵר: "לֹא, לֹא! אַתָּה עוֹשֶׂה רַע לְעַמִּי, וְהַיּוֹם
הוֹלְכִים אָנוּ מִמִּצְרַיִם!"

הֹלְכִים מֹשֶׁה וּבְנֵי יִשְׂרָאֵל מֵאֶרֶץ מִצְרַיִם אֶל אֶרֶץ יִשְׂרָאֵל.
זֹאת הִיא יְצִיאַת מִצְרַיִם.

Vocabulary

choosing	בּוֹחֵר
trusting	בּוֹטֵחַ
night *m*	לַיְלָה, לֵילוֹת
angel, messenger *m*	מַלְאָךְ, מַלְאָכִים
ruling, reigning	מוֹלֵךְ
guarding, keeping	שׁוֹמֵר

- בּוֹטֵחַ is pronounced "bo-tay-<u>ach</u>", not "bo-tay-<u>cha</u>".
- The four forms of the participles above are

f pl	*m pl*	*f sg*	*m sg*
בּוֹחֲרוֹת	בּוֹחֲרִים	בּוֹחֶרֶת	בּוֹחֵר
בּוֹטְחוֹת	בּוֹטְחִים	בּוֹטַחַת	בּוֹטֵחַ
מוֹלְכוֹת	מוֹלְכִים	מוֹלֶכֶת	מוֹלֵךְ
שׁוֹמְרוֹת	שׁוֹמְרִים	שׁוֹמֶרֶת	שׁוֹמֵר

Prepositions with Endings

In English, pronouns that follow prepositions are separate words.

for me   on him   with her

Pronouns never appear as separate words after Hebrew prepositions. Instead, endings are attached directly to each preposition.

A chart showing the endings attached to the preposition לְ-.

לָנוּ for us, to us	לִי for me, to me
לָכֶם for you, to you *m pl*	לְךָ for you, to you *m sg*
לָכֶן for you, to you *f pl*	לָךְ for you, to you *f sg*
לָהֶם for them, to them *m*	לוֹ for him, to him
לָהֶן for them, to them *f*	לָהּ for her, to her

Here are some examples of sentences using the preposition לְ־ with endings.

He is giving a blessing to us.	הוּא נוֹתֵן לָנוּ בְּרָכָה.
She is doing kindness for them.	הִיא עוֹשָׂה לָהֶם חֶסֶד.
My love for you is great.	אַהֲבָתִי לְךָ גְּדוֹלָה.

The endings attached to the preposition בְּ־ are the same as the endings attached to לְ־.

in me, with me	בִּי
in you, with you *m sg*	בְּךָ
in you, with you *f sg*	בָּךְ
in him, with him	בּוֹ
in her, with her	בָּהּ
in us, with us	בָּנוּ
in you, with you *m pl*	בָּכֶם
in you, with you *f pl*	בָּכֶן
in them, with them *m*	בָּהֶם, בָּם
in them, with them *f*	בָּהֶן

Here are some examples of sentences using the preposition בְּ־ with endings.

There is no love in him.	אֵין אַהֲבָה בּוֹ.
He is trusting in me.	הוּא בּוֹטֵחַ בִּי.

The endings attached to the preposition עַל are slightly different from the endings attached to ־לְ and ־בְּ.

upon me .... עָלַי

upon you *m sg* .... עָלֶיךָ

upon you *f sg* .... עָלַיִךְ

upon him .... עָלָיו

upon her .... עָלֶיהָ

upon us .... עָלֵינוּ

upon you *m pl* .... עֲלֵיכֶם

upon you *f pl* .... עֲלֵיכֶן

upon them *m* .... עֲלֵיהֶם

upon them *f* .... עֲלֵיהֶן

The king is ruling over them.	הַמֶּלֶךְ מוֹלֵךְ עֲלֵיהֶם.
He is making peace upon us.	הוּא עוֹשֶׂה שָׁלוֹם עָלֵינוּ.
We are guarding over him.	אָנוּ שֹׁמְרִים עָלָיו.
My mother is guarding over me.	אִמִּי שׁוֹמֶרֶת עָלַי.
Your father is ruling over you.	אָבִיךָ מוֹלֵךְ עָלֶיךָ.

Other Prepositions with Endings

The endings attached to other Hebrew prepositions are similar to those attached to לְ־, בְּ־, and עַל. Some of the prepositions with endings most common in the prayerbook are listed below.

like you *m sg* ...	כָּמוֹךָ (כָּמוֹכָה)	like	כְּ־
before you *m sg*	לְפָנֶיךָ	before	לִפְנֵי
to you *m sg*	אֵלֶיךָ	to	אֶל
between me	בֵּינִי	between	בֵּין

Here are examples of these prepositions in sentences.

Who is like you?	מִי כָמוֹכָה?
The land of Egypt is before you.	אֶרֶץ מִצְרַיִם לְפָנֶיךָ.
He is going before you.	הוּא הוֹלֵךְ לְפָנֶיךָ.
I am giving a blessing to you.	אֲנִי נוֹתֵן אֵלֶיךָ בְּרָכָה.
He is walking to you.	הוּא הוֹלֵךְ אֵלֶיךָ.
This is a covenant between me and (between) the children of Israel.	זֶה בְּרִית בֵּינִי וּבֵין בְּנֵי יִשְׂרָאֵל.

In the prayerbook, you will see many examples of prepositions you know with endings attached. Since you know how the endings look, it will usually not be difficult for you to translate these forms.

Hebrew Verbs and Prepositions

Many Hebrew verbs are followed by prepositions that sound strange if literally translated into English. Sometimes a Hebrew preposition should not be translated into English. For example, the word בּוֹחֵר choosing, introduced in this chapter, is always followed by the preposition בְּ־. However, it sounds better in English to leave the בְּ־ untranslated.

We are choosing a king. אֲנַחְנוּ בּוֹחֲרִים בְּמֶלֶךְ.

You are choosing us. אַתָּה בּוֹחֵר בָּנוּ.

The word בּוֹטֵחַ, trusting, like בּוֹחֵר, is always followed by the preposition בְּ־.

We are trusting you. אָנוּ בּוֹטְחִים בָּכֶם.

The king is trusting me. הַמֶּלֶךְ בּוֹטֵחַ בִּי.

Sometimes a Hebrew preposition should be translated with a different English preposition. For example, the preposition בְּ־, when it follows the verb עוֹשֶׂה, is sometimes best translated for.

He is doing kindnesses for us. הוּא עוֹשֶׂה בָּנוּ חֲסָדִים.

As you learn more Hebrew, you will see other examples of prepositions that sound peculiar when literally translated into English. These are usually not difficult to translate in other ways.

Exercises

1. Translate these words into English.

1. בֵּיתִי, שְׁמִי, לִי, בִּי, עָלַי
2. בֵּיתְךָ, שִׁמְךָ, לְךָ, בְּךָ, עָלֶיךָ
3. בֵּיתֵךְ, שְׁמֵךְ, לָךְ, בָּךְ, עָלַיִךְ
4. בֵּיתוֹ, שְׁמוֹ, לוֹ, בּוֹ, עָלָיו
5. בֵּיתָהּ, שְׁמָהּ, לָהּ, בָּהּ, עָלֶיהָ
6. בֵּיתֵנוּ, שְׁמֵנוּ, לָנוּ, בָּנוּ, עָלֵינוּ
7. בֵּיתְכֶם, שִׁמְכֶם, לָכֶם, בָּכֶם, עֲלֵיכֶם
8. בֵּיתָם, שְׁמָם, לָהֶם, בָּהֶם or בָּם, עֲלֵיהֶם

2. Translate the following sentences into English.

1. מַלְאָךְ בּוֹחֵר בִּי בְּאַהֲבָה.
2. הַמַּלְאָךְ בֹּחֵר בָּנוּ בְּאַהֲבָה.
3. הַמַּלְאָכִים בּוֹחֲרִים בָּנוּ בְּאַהֲבָה.
4. הַמַּלְאָכִים בֹּחֲרִים בָּכֶם בְּאַהֲבָה.
5. הַמֶּלֶךְ מוֹלֵךְ עָלַי בִּצְדָקָה.
6. הַמֶּלֶךְ מֹלֵךְ עֲלֵיכֶם בִּצְדָקָה.
7. הַמְּלָכִים מוֹלְכִים עֲלֵיהֶם כָּל יוֹם.
8. מֶלֶךְ הַמְּלָכִים מוֹלֵךְ עָלֵינוּ בְּרַחֲמִים.
9. הָאִישׁ בּוֹטֵחַ בִּי וְהוּא נוֹתֵן לִי מָגֵן.
10. הָאֲנָשִׁים בּוֹטְחִים בָּנוּ וְהֵם נֹתְנִים לָנוּ כָּבוֹד.
11. אִישׁ צִיּוֹן בּוֹטֵחַ בָּהּ וְהוּא נֹתֵן לָהּ מָגֵן.
12. אַנְשֵׁי צִיּוֹן בּוֹטְחִים בּוֹ וְהֵם נוֹתְנִים לוֹ מַלְכוּת.
13. אֵם דָּוִד שׁוֹמֶרֶת עָלָיו בַּלַּיְלָה.
14. בְּנֵי יִשְׂרָאֵל שֹׁמְרִים עָלֵינוּ בַּלַּיְלָה.

3. Find and write the Hebrew word that matches each English phrase listed below. Be sure every Hebrew word is used.

בָּכֶם	בָּהֶם	לִי
לְךָ	לָהֶם	עָלַי
בָּךְ	בְּךָ	בִּי
בּוֹ	עָלֶיךָ	עֲלֵיהֶם
עָלָיו	לָכֶם	בָּנוּ
לוֹ	בָּהּ	לָךְ
עָלֶיהָ	עָלֵינוּ	עֲלֵיכֶם
לָהּ	לָנוּ	לָכֶם
כָּמוֹכָה	אֵלֶיךָ	לְפָנֶיךָ

1. in him
2. in me
3. for him
4. upon him
5. upon her
6. with us
7. to me
8. to you
9. with you
10. upon us
11. to you
12. upon me
13. with them
14. for you
15. with you
16. with her
17. for them
18. upon you
19. to us
20. upon you
21. with you
22. to her
23. upon them
24. to you
25. before you
26. like you
27. for you

4. Fill in the blank with the correct form of the preposition. Translate.

1. "מִי מוֹלֵךְ עֲלֵיכֶם?" "מֹשֶׁה מוֹלֵךְ______."
(עָלֶיךָ, עָלַי, עָלֵינוּ, עָלָיו)
2. "מִי בּוֹחֵר בְּךָ?" "מֶלֶךְ הָעָם בּוֹחֵר______."
(בִּי, בּוֹ, בָּהּ, בָּם)
3. "מִי שׁוֹמֵר עַל בְּנֵי יַעֲקֹב הַלַּיְלָה?"
"מַלְאֲכֵי הַשָּׁמַיִם שׁוֹמְרִים______."
(עָלַי, עָלָיו, עָלֵינוּ, עֲלֵיהֶם)
4. "מַה שָּׂרָה נוֹתֶנֶת לְאָבִיהָ?"
"הִיא נוֹתֶנֶת ______ אַהֲבָה."
(לָכֶם, לוֹ, לָהֶם, לְךָ, לִי)
5. "מִי בּוֹטֵחַ בַּאֲבוֹת הָאָרֶץ?"
"הַמֶּלֶךְ בּוֹטֵחַ______."
(בִּי, בָּכֶם, בָּנוּ, בְּךָ, בָּם)
6. אֲנַחְנוּ אוֹמְרִים לְדָוִד הַמֶּלֶךְ:
"אָנוּ הוֹלְכִים אֶל אֶרֶץ מִצְרַיִם."
הוּא אוֹמֵר______ : (לָכֶם, לָנוּ, לוֹ, לָהּ)
"אֵין אֲנָשִׁים רְשָׁעִים כְּאַנְשֵׁי מִצְרַיִם."

5. Rewrite the sentences below, replacing the underlined word with each word that follows. Make the necessary changes in the rest of the sentence. Read aloud and translate.

1. יַעֲקֹב בּוֹטֵחַ <u>בְּלֵאָה</u> וְשׁוֹמֵר עָלֶיהָ יוֹם וָלַיְלָה.
א. בּוֹ ב. בָּנוּ ג. בִּי ד. בְּךָ ה. בָּהֶם
2. מַלְאַךְ <u>דָּוִד</u> בּוֹחֵר בָּנוּ כְּשׁוֹמְרֵי בֵּיתוֹ.
א. אַנְשֵׁי מִצְרַיִם ב. אַתֶּם ג. שָׂרָה ד. הֵם

3. <u>אָנוּ</u> אוֹהֲבֵי הַמֶּלֶךְ הַטּוֹב, וְהוּא מוֹלֵךְ עָלֵינוּ.
א. אַתָּה ב. אַתֶּם ג. הֵם ד. אֲנִי

4. <u>אָנוּ</u> שׁוֹמְרִים עַל הַמֶּלֶךְ וְהוּא עוֹשֶׂה חֲסָדִים בָּנוּ.
א. הַמַּלְאָכִים ב. בֶּן יִצְחָק ג. אַתָּה ד. אִישׁ

5. אֲנַחְנוּ בּוֹטְחִים <u>בָּכֶם</u> וּבֹחֲרִים בָּכֶם,
וְאַתֶּם עוֹשִׂים לָנוּ דְּבָרִים רָעִים.
א. בּוֹ ב. בְּךָ ג. בָּהּ ד. בָּם ה. בָּךְ

6. Translate the following into Hebrew (see exercise 2).

1. David is choosing you with love.
   David is choosing them with love.
   David is choosing us with love.
   David is choosing me with love.

2. The king rules over them in righteousness.
   The king rules over her in righteousness.
   We rule over you in righteousness.
   The kings rule over him every day.

3. The men trust him, and they give a shield to him.
   The men trust you, and they give a shield to you.
   The man of Zion trusts us, and he gives a shield to us.
   The men of Zion trust me, and they give a shield to me.

4. The mother of David guards over us in the night.
   The children of Israel guard over her in the night.
   The angel of heaven guards over them in the night.
   We guard over you in the day, and in the night.

7. Translate the following phrases from the prayerbook.

1. בְּאַרְצוֹת הַחַיִּים
2. שׁוֹמְרֵי שַׁבָּת
3. אֲדוֹן עוֹלָם
4. שׁוֹמֵר יִשְׂרָאֵל
5. זוֹכֵר הַבְּרִית
6. לִיצִיאַת מִצְרַיִם
7. הַבּוֹחֵר בַּתּוֹרָה וּבְמשֶׁה
8. וּבְמַלְכוּת בֵּית דָּוִד
9. אֵין לָנוּ מֶלֶךְ
10. בְּכָל דּוֹר וָדוֹר
11. וַאֲנַחְנוּ יִשְׂרָאֵל עַמּוֹ
12. לְכָל הַבּוֹטְחִים בְּשִׁמְךָ בֶּאֱמֶת
13. מַלְכוּתוֹ מַלְכוּת כָּל עוֹלָמִים
14. אֵלֶיךָ כָּל רִשְׁעֵי אָרֶץ
15. וְשִׁמְךָ הַגָּדוֹל וְהַקָּדוֹשׁ עָלֵינוּ
16. חֶסֶד וְרַחֲמִים לִפְנֵי כְּבוֹדוֹ
17. הַבּוֹחֵר בְּעַמּוֹ יִשְׂרָאֵל בְּאַהֲבָה
18. מִי כָמוֹךָ אַב הָרַחֲמִים?
19. עַל עַמְּךָ יִשְׂרָאֵל בִּשְׁלוֹמֶךָ
20. כָּל עַמְּךָ בֵּית יִשְׂרָאֵל לְפָנֶיךָ
21. שָׁלוֹם עָלֵינוּ וְעַל כָּל יִשְׂרָאֵל
22. עָלֵינוּ בְּתוֹרָתְךָ עַל יְדֵי משֶׁה
23. מִי הוּא זֶה מֶלֶךְ הַכָּבוֹד
24. הַמֶּלֶךְ הַגָּדוֹל וְהַקָּדוֹשׁ בַּשָּׁמַיִם וּבָאָרֶץ
25. לִפְנֵי מֶלֶךְ מַלְכֵי הַמְּלָכִים, הַקָּדוֹשׁ בָּרוּךְ הוּא
26. אֲנַחְנוּ וְכָל עַמְּךָ בֵּית יִשְׂרָאֵל לְחַיִּים טוֹבִים וּלְשָׁלוֹם

For English translations, see pages 249–253.

Mi Chamocha

קֹדֶשׁ	נֶאְדָּר	אֵלִם
holiness	glorious	gods

מִי כָמֹכָה בָּאֵלִם יְיָ.

מִי כָּמֹכָה נֶאְדָּר בַּקֹּדֶשׁ . . .

Shalom Aleichem

בּוֹאֲכֶם	עֶלְיוֹן	שָׁרֵת
your coming	highest, supreme	serving, ministering

צֵאתְכֶם	בָּרְכוּנִי	
your departure	bless me	

שָׁלוֹם עֲלֵיכֶם, מַלְאֲכֵי הַשָּׁרֵת, מַלְאֲכֵי עֶלְיוֹן,
מִמֶּלֶךְ מַלְכֵי הַמְּלָכִים, הַקָּדוֹשׁ בָּרוּךְ הוּא.

בּוֹאֲכֶם לְשָׁלוֹם, מַלְאֲכֵי הַשָּׁלוֹם, מַלְאֲכֵי עֶלְיוֹן,
מִמֶּלֶךְ מַלְכֵי הַמְּלָכִים, הַקָּדוֹשׁ בָּרוּךְ הוּא.

בָּרְכוּנִי לְשָׁלוֹם, מַלְאֲכֵי הַשָּׁלוֹם, מַלְאֲכֵי עֶלְיוֹן,
מִמֶּלֶךְ מַלְכֵי הַמְּלָכִים, הַקָּדוֹשׁ בָּרוּךְ הוּא.

צֵאתְכֶם לְשָׁלוֹם, מַלְאֲכֵי הַשָּׁלוֹם, מַלְאֲכֵי עֶלְיוֹן,
מִמֶּלֶךְ מַלְכֵי הַמְּלָכִים, הַקָּדוֹשׁ בָּרוּךְ הוּא.

See the prayerbook translation on pages 247–248.

Chapter 13

The Past Tense

Oral Review Exercise

Read and translate the following sentences orally.

1. הוּא נֹתֵן לִי מָגֵן.
הוּא נֹתֵן לְךָ מָגֵן.
הוּא נוֹתֵן לָךְ מָגֵן.
הוּא נוֹתֵן לוֹ מָגֵן.

2. דָּוִד הַמֶּלֶךְ מוֹלֵךְ עָלֵינוּ.
דָּוִד הַמֶּלֶךְ מוֹלֵךְ עֲלֵיכֶם.
דָּוִד הַמֶּלֶךְ מוֹלֵךְ עָלֶיהָ.
דָּוִד הַמֶּלֶךְ מוֹלֵךְ עֲלֵיהֶם.

3. הָאָבוֹת בּוֹטְחִים בּוֹ.
הָאָבוֹת בּוֹטְחִים בָּנוּ.
הָאָבוֹת בּוֹטְחִים בָּכֶם.
הָאָבוֹת בּוֹטְחִים בָּהֶם.

4. הַלַּיְלָה אֲנַחְנוּ הוֹלְכִים אֵלֶיךָ מִבֵּיתֵנוּ.
הַלַּיְלָה הוּא הוֹלֵךְ אֵלֶיךָ מִבֵּיתוֹ.
הַלַּיְלָה הִיא הוֹלֶכֶת אֵלֶיךָ מִבֵּיתָהּ.
הַלַּיְלָה הֵם הֹלְכִים אֵלֶיךָ מִבֵּיתָם.

5. שָׂרָה בּוֹחֶרֶת בִּי כְּשֹׁמֵר בְּנָהּ.
שָׂרָה בּוֹחֶרֶת בּוֹ כְּשֹׁמֵר בְּנָהּ.
שָׂרָה בּוֹחֶרֶת בָּם כְּשׁוֹמְרֵי בְּנָהּ.
שָׂרָה בּוֹחֶרֶת בָּךְ כְּשׁוֹמֶרֶת בְּנָהּ.

Vocabulary

greatness *f*	גְּדֻלָּה, גְּדוּלָה
memorial, remembrance *m*	זֵכֶר
memory, memorial *m* .	זִכָּרוֹן, זִכְרוֹנוֹת
no, not	לֹא
forever and ever	לְעוֹלָם וָעֶד
prophet *m*	נָבִיא, נְבִיאִים
slave, servant *m*	עֶבֶד, עֲבָדִים
holiness *m*	קֹדֶשׁ
holiness *f*	קְדוּשָׁה
happiness, joy *f*	שִׂמְחָה, שְׂמָחוֹת

Roots

The Hebrew language is built on a system of roots. Roots are sets of letters—usually three—which express a general idea. Vowel patterns and additional letters are added to a root to give specific meanings to the general idea of the root. Many words with similar meanings can be created from each root.

				ROOT
greatness	גְּדוּלָה	great	גָּדוֹל	ג.ד.ל
remembrance	זֵכֶר/זִכָּרוֹן	remembering	זוֹכֵר	ז.כ.ר
kingdom	מַלְכוּת	king	מֶלֶךְ	מ.ל.ך
holiness	קֹדֶשׁ/קְדוּשָׁה	holy	קָדוֹשׁ	ק.ד.שׁ

Hebrew Roots and Verbs

There is an especially important relationship between Hebrew roots and Hebrew verbs. All Hebrew verbs are based on roots. Different patterns of vowels and additional letters are added to the letters of a Hebrew root to create verb forms. Each pattern indicates a different use for the verb.

You have already learned the vowel pattern for an important type of Hebrew verb: the participle. Most of the participles you have learned have the same pattern of vowels and endings. Some participles you have learned follow this pattern, with slight variations.

XוֹXְXוֹת	XוֹXְXִים	XוֹXֶXֶת	XוֹXֵX	ROOT
מוֹלְכוֹת	מוֹלְכִים	מוֹלֶכֶת	מוֹלֵךְ	מ.ל.ך
שׁוֹמְרוֹת	שׁוֹמְרִים	שׁוֹמֶרֶת	שׁוֹמֵר	שׁ.מ.ר
זוֹכְרוֹת	זוֹכְרִים	זוֹכֶרֶת	זוֹכֵר	ז.כ.ר
בּוֹחֲרוֹת	בּוֹחֲרִים	בּוֹחֶרֶת	בּוֹחֵר	ב.ח.ר
אוֹמְרוֹת	אוֹמְרִים	אוֹמֶרֶת	אוֹמֵר	א.מ.ר
אוֹהֲבוֹת	אוֹהֲבִים	אוֹהֶבֶת	אוֹהֵב	א.ה.ב
הוֹלְכוֹת	הוֹלְכִים	הוֹלֶכֶת	הוֹלֵךְ	ה.ל.ך
נוֹתְנוֹת	נוֹתְנִים	נוֹתֶנֶת	נוֹתֵן	נ.ת.ן
עוֹשׂוֹת	עוֹשִׂים	עוֹשָׂה	עוֹשֶׂה	ע.שׂ.ה
בּוֹטְחוֹת	בּוֹטְחִים	בּוֹטַחַת	בּוֹטֵחַ	ב.ט.ח

In this chapter you will learn the pattern of vowels and endings that are added to Hebrew root letters to form the past tense.

שׁ.מ.ר

guard

שָׁמַרְתִּי
I guarded

שָׁמַרְנוּ
we guarded

שָׁמַרְתָּ
you guarded *m sg*

שְׁמַרְתֶּם
you guarded *m pl*

שָׁמַרְתְּ
you guarded *f sg*

שְׁמַרְתֶּן
you guarded *f pl*

שָׁמַר
he guarded

שָׁמְרוּ
they guarded

שָׁמְרָה
she guarded

שָׁמְרוּ
they guarded

The Pattern of the Past Tense

On the previous page, the pattern of vowels and consonants for the Hebrew past tense has been added to the verb שׁ.מ.ר guard. In this chart, and in the other large verb charts in this book, roots are shown in outline, and the pattern of vowels and consonants added to the root is black.

The chart below shows the same pattern, with the letters XXX used in place of the three letters of the Hebrew root. The Hebrew pronoun used with each form is also shown.

XָXַXְנוּ	אֲנַחְנוּ	XָXַXְתִּי	אֲנִי
XְXַXְתֶּם	אַתֶּם	XָXַXְתָּ	אַתָּה
XְXַXְתֶּן	אַתֶּן	XָXַXְתְּ	אַתְּ
XָXְXוּ	הֵם	XָXַX	הוּא
XָXְXוּ	הֵן	XָXְXָה	הִיא

These vowels and endings can be added to the following roots of verbs you have learned to form the past tense. There are minor variations in some of the forms of some of these verbs. The verbs ע.שׂ.ה and נ.ת.ן have unusual forms in the past tense, and are not included in the chart below.

walk	ה.ל.ך	love	א.ה.ב
remember	ז.כ.ר	say	א.מ.ר
rule	מ.ל.ך	choose	ב.ח.ר
guard	שׁ.מ.ר	trust	ב.ט.ח

The Meaning of the Hebrew Past Tense

In English there are many ways to describe action in the past. There is only one Hebrew past tense. Therefore, the Hebrew past tense can be translated into English in many different ways.

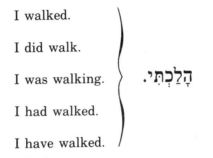

I walked.

I did walk.

I was walking.

I had walked.

I have walked.

הָלַכְתִּי.

Hebrew verbs often appear without a pronoun. הָלַכְנוּ <u>We walked</u> and אָמַרְתָּ <u>You said</u> are complete sentences. The pronouns הוּא, הִיא, הֵם and הֵן are usually included with the verb. Here are examples of verbs in the past tense used in sentences.

I ruled over the nations.	מָלַכְתִּי עַל הָעַמִּים.
You ruled over them.	מָלַכְתָּ עֲלֵיהֶם.
He walked to his house.	הוּא הָלַךְ אֶל בֵּיתוֹ.
We walked to Egypt.	הָלַכְנוּ אֶל מִצְרַיִם.
You chose a king.	בְּחַרְתֶּם בְּמֶלֶךְ.
They chose him.	הֵם בָּחֲרוּ בוֹ.

You can usually translate the Hebrew past tense by using the English simple past tense, as in the above examples.

The verbs ע.שׂ.ה and נ.ת.ן have some unusual forms in the past tense. The following forms are common in the prayerbook. We will only use these forms in the exercises.

you made *m sg*	עָשִׂיתָ
he made	עָשָׂה
they made	עָשׂוּ
you gave *m sg*	נָתַתָּ
he gave	נָתַן

The Word לֹא

The word לֹא means <u>no</u> or <u>not</u>. It may be used with noun sentences, or with past or future tense verbs. Below are some examples of לֹא used in sentences.

I am not a man of words.	אֲנִי לֹא אִישׁ דְּבָרִים.
Sarah did not go to her house.	שָׂרָה לֹא הָלְכָה אֶל בֵּיתָהּ.
The king of Israel did not rule over them.	מֶלֶךְ יִשְׂרָאֵל לֹא מָלַךְ עֲלֵיהֶם.
We did not trust in the people of Egypt.	לֹא בָּטַחְנוּ בְּאַנְשֵׁי מִצְרַיִם.
I did not choose a servant for my father.	לֹא בָּחַרְתִּי בְּעֶבֶד לְאָבִי.
They did not guard over the son of Isaac.	הֵם לֹא שָׁמְרוּ עַל בֶּן יִצְחָק.

Exercises

1. Write out the past tense of the verbs מ.ל.ך and ב.ט.ח. Use the charts on pages 127-128 for reference.

2. Translate these words into English.

1. אָהַבְתִּי, בָּטַחְתִּי, הָלַכְתִּי, שָׁמַרְתִּי, אָמַרְתִּי, בָּחַרְתִּי
2. זָכַרְתָּ, בָּחַרְתָּ, מָלַכְתָּ, אָמַרְתָּ, עָשִׂיתָ, אָהַבְתָּ, נָתַתָּ
3. אָהַבְתְּ, הָלַכְתְּ, בָּטַחְתְּ, זָכַרְתְּ, שָׁמַרְתְּ, בָּחַרְתְּ, אָמַרְתְּ
4. אָהַב, שָׁמַר, בָּטַח, הָלַךְ, נָתַן, אָמַר, עָשָׂה, זָכַר
5. מָלְכָה, הָלְכָה, בָּחֲרָה, אָהֲבָה, שָׁמְרָה, זָכְרָה, אָמְרָה
6. בָּחַרְנוּ, אָמַרְנוּ, מָלַכְנוּ, הָלַכְנוּ, בָּטַחְנוּ, שָׁמַרְנוּ
7. זְכַרְתֶּם, אֲמַרְתֶּם, אֲהַבְתֶּם, מְלַכְתֶּם, הֲלַכְתֶּם, בְּחַרְתֶּם
8. בָּטְחוּ, עָשׂוּ, שָׁמְרוּ, אָמְרוּ, בָּחֲרוּ, הָלְכוּ, זָכְרוּ

3. Translate the following sentences into English.

1. הַיּוֹם אֲנִי שׁוֹמֵר עַל קְדֻשַּׁת הַשַּׁבָּת.
שָׁמַרְתִּי עַל קְדֻשַּׁת הַשַּׁבָּת לְמַעַן שָׁמַיִם.
הַלַּיְלָה, שָׁמַרְתִּי בְּשִׂמְחָה עַל שַׁבַּת קֹדֶשׁ.
הַלַּיְלָה, שָׁמַרְנוּ בְּשִׂמְחָה עַל שַׁבַּת קֹדֶשׁ.
2. בְּנֵי הַנָּבִיא הָלְכוּ אֶל בֵּית הַמֶּלֶךְ.
בְּנֵי הַנָּבִיא לֹא הָלְכוּ אֶל בֵּית הַמֶּלֶךְ.
בַּת הַמֶּלֶךְ לֹא הָלְכָה אֶל בֵּית בְּנֵי הַנָּבִיא.
בְּנוֹת הַמֶּלֶךְ לֹא הָלְכוּ אֶל בָּתֵּי בְּנֵי הַנָּבִיא.
3. הַיּוֹם, הָעֶבֶד שׁוֹמֵר זֵכֶר אָבִיו.
הָעֶבֶד שָׁמַר זֵכֶר גְּדוּלַּת אָבִיו.
הָעֶבֶד שָׁמַר זֵכֶר גְּדוּלַּת אָבִיו וְנָתַן לוֹ כָּבוֹד.
הָעֶבֶד שָׁמַר זֵכֶר אָבִיו וּקְדֻשָּׁתוֹ.

4. Match these Hebrew verbs in the past tense with their English translations.

בָּטַחְתִּי	הָלַכְתִּי	שָׁמְרָה	בָּטַחְנוּ
אָמְרוּ	אָהַבְתִּי	הָלְכוּ	זָכַר
שָׁמַרְתָּ	נָתַן	זָכַרְתָּ	נָתַתָּ
הָלַךְ	זָכַרְנוּ	מָלְכוּ	הָלַכְתָּ
מְלַכְתֶּם	בָּטְחוּ	אָהַב	אָמַרְתִּי
אָהַבְנוּ	שְׁמַרְתֶּם	בָּחַרְנוּ	שָׁמַר
בָּחֲרָה	מָלַךְ	עָשָׂה	אָהַבְתָּ
זָכְרוּ	בְּחַרְתֶּם	אָמַרְתָּ	עָשִׂיתָ

1. he remembered
2. he made
3. they trusted
4. we loved
5. you gave
6. you remembered
7. you chose
8. they walked
9. you guarded
10. I said
11. we chose
12. I walked
13. they remembered
14. you made
15. I loved
16. he ruled
17. he guarded
18. you said
19. we remembered
20. she chose
21. we trusted
22. you guarded
23. he gave
24. they said
25. you walked
26. you ruled
27. she guarded
28. I trusted
29. he loved
30. he walked
31. you loved
32. they ruled

5. Rewrite the following sentences, changing each participle to the correct form of the past tense. Translate.

Example: אֲנִי הוֹלֵךְ אֶל בֵּיתִי. הָלַכְתִּי אֶל בֵּיתִי.

1. הָעֶבֶד שׁוֹמֵר זִכָּרוֹן לִקְדוּשַּׁת הָאָבוֹת.
2. אֲנַחְנוּ בּוֹטְחִים בַּנָּבִיא, וּבְקֹדֶשׁ לִבּוֹ.
3. אַתָּה שׁוֹמֵר עַל הָעֲבָדִים בַּלַּיְלָה.
4. מִי בֹּחֵר בּוֹ וּמָה הוּא עוֹשֶׂה?
5. אֲנִי אוֹהֶבֶת דִּבְרֵי קֹדֶשׁ.
6. בַּיּוֹם יַעֲקֹב אֹמֵר דִּבְרֵי אַהֲבָה לְלֵאָה, וּבַלַּיְלָה הוּא הוֹלֵךְ לְבֵיתָהּ.
7. אַתָּה נוֹתֵן חֶסֶד לְעַבְדְּךָ וְהָעֶבֶד שׁוֹמֵר עָלֶיךָ בְּשִׂמְחָה.
8. מַלְאַךְ הַשָּׁמַיִם מוֹלֵךְ עַל בְּנֵי יִשְׂרָאֵל, וְהֵם זוֹכְרִים לְעוֹלָם וָעֶד.
9. הַנְּבִיאִים אֹמְרִים לָנוּ: "זֶה זִכָּרוֹן לִבְנֵי יִשְׂרָאֵל."

6. Rewrite the sentences below, replacing the underlined word with each word that follows. Make the necessary changes in the rest of the sentence.

1. הַמֶּלֶךְ לֹא שָׁמַר עֲלֵיהֶם בְּשִׂמְחָה.

   א. אֲנִי ב. אַתָּה ג. אַתְּ ד. הוּא
   ה. הִיא ו. אַתֶּם ז. הֵם

2. הַנָּבִיא אָמַר דְּבָרִים רַבִּים בַּיּוֹם וּבַלַּיְלָה, כְּזֵכֶר לִיצִיאַת מִצְרַיִם.

   א. הִיא ב. אַתֶּם ג. אַתְּ ד. אֲנַחְנוּ
   ה. הֵם ו. הָעֶבֶד ז. אַתָּה ח. אֲנִי

3. אָנוּ זָכַרְנוּ יָמִים בְּמִצְרַיִם וְשָׁמַרְנוּ זִכְרוֹנוֹת לָעָם.

   א. יַעֲקֹב ב. אַתָּה ג. הֵם ד. הִיא ה. אַתֶּם

7. Translate the following phrases from the prayerbook.

1. הַבּוֹחֵר בַּתּוֹרָה וּבְמֹשֶׁה עַבְדּוֹ וּבְיִשְׂרָאֵל עַמּוֹ וּבִנְבִיאֵי הָאֱמֶת
2. נָתַן תּוֹרָה לְעַמּוֹ יִשְׂרָאֵל בִּקְדֻשָּׁתוֹ
3. בּוֹרֵא יוֹם וָלָיְלָה
4. בְּשִׂמְחָה רַבָּה
5. אָמַר הַקָּדוֹשׁ בָּרוּךְ הוּא לְמֹשֶׁה
6. בְּשֵׁם קָדְשְׁךָ הַגָּדוֹל . . . בָּטָחְנוּ.
7. וּבָנוּ בָחַרְתָּ מִכָּל עַם
8. כִּימֵי הַשָּׁמַיִם עַל הָאָרֶץ
9. דָּבָר טוֹב . . . לְעוֹלָם וָעֶד.
10. וּמִבֵּית עֲבָדִים
11. זֶה אֶל זֶה וְאָמַר
12. בְּךָ בָּטָחְנוּ
13. וְזִכְרוֹן כָּל עַמְּךָ בֵּית יִשְׂרָאֵל לְפָנֶיךָ
14. בְּאוֹר פָּנֶיךָ נָתַתָּ לָנוּ . . . תּוֹרַת חַיִּים וְאַהֲבַת חֶסֶד וּצְדָקָה וּבְרָכָה וְרַחֲמִים וְחַיִּים וְשָׁלוֹם.
15. לְמַעַן קְדֻשָּׁתֶךָ . . . לְמַעַן תּוֹרָתֶךָ.
16. זֵכֶר לִיצִיאַת מִצְרָיִם . . . בָנוּ בָחַרְתָּ.
17. וְשַׁבַּת קָדְשׁוֹ בְּאַהֲבָה
18. הַמֶּלֶךְ הַגָּדוֹל וְהַקָּדוֹשׁ בַּשָּׁמַיִם וּבָאָרֶץ
19. בֵּין יוֹם וּבֵין לָיְלָה
20. אַהֲבַת עוֹלָם בֵּית יִשְׂרָאֵל עַמְּךָ אָהַבְתָּ

Blessings for Reading the Torah

Before the Torah reading:

אֲשֶׁר   הַמְבֹרָךְ   אֶת   בָּרְכוּ

who   the blessed one   —   bless (command)

בָּרְכוּ אֶת יְיָ הַמְבֹרָךְ.

בָּרוּךְ יְיָ הַמְבֹרָךְ לְעוֹלָם וָעֶד.

בָּרוּךְ אַתָּה, יְיָ אֱלֹהֵינוּ, מֶלֶךְ הָעוֹלָם,

אֲשֶׁר בָּחַר בָּנוּ מִכָּל הָעַמִּים, וְנָתַן לָנוּ

אֶת תּוֹרָתוֹ. בָּרוּךְ אַתָּה, יְיָ, נוֹתֵן הַתּוֹרָה.

After the Torah reading:

בְּתוֹכֵנוּ   נָטַע

in our midst   he planted

בָּרוּךְ אַתָּה, יְיָ אֱלֹהֵינוּ, מֶלֶךְ הָעוֹלָם,

אֲשֶׁר נָתַן לָנוּ תּוֹרַת אֱמֶת, וְחַיֵּי עוֹלָם

נָטַע בְּתוֹכֵנוּ. בָּרוּךְ אַתָּה, יְיָ, נוֹתֵן הַתּוֹרָה.

See if you can translate these prayers on your own, then check the prayerbook translation on pages 247–248.

Chapter 14

The Word אֶת

Oral Review Exercise

Read and translate the following sentences orally.

1. אָמַרְתִּי לוֹ: ”זֶה חַג, וְהוּא זֵכֶר לִיצִיאַת מִצְרַיִם.“
2. אָמַרְתָּ לָנוּ: ”זֶה חַג, וְהוּא זֵכֶר לִיצִיאַת מִצְרַיִם.“
3. אָמַרְתְּ לִי: ”זֶה חַג, וְהוּא זֵכֶר לִיצִיאַת מִצְרַיִם.“
4. הוּא אָמַר לָהֶם: ”זֶה חַג, וְהוּא זֵכֶר לִיצִיאַת מִצְרַיִם.“
5. הִיא שָׁמְרָה עָלֵינוּ בְּשִׂמְחָה.
6. שָׁמַרְנוּ עָלֶיךָ בְּשִׂמְחָה.
7. שְׁמַרְתֶּם עָלֵינוּ בְּשִׂמְחָה.
8. הֵם שָׁמְרוּ עָלַי בְּשִׂמְחָה.
9. לֹא בָּטַחְתִּי בּוֹ וְלֹא בָּחַרְתִּי בּוֹ.
10. בָּטַחְתָּ בָּנוּ וּבָחַרְתָּ בָּנוּ.
11. הוּא לֹא בָּטַח בִּי וְלֹא בָּחַר בִּי.
12. הֵם לֹא בָּטְחוּ בְּךָ וְלֹא בָּחֲרוּ בְּךָ.
13. הוּא מָלַךְ עָלֵינוּ בִּקְדוּשָׁה וּבְשִׂמְחָה.
14. מָלַכְתִּי עֲלֵיכֶם בִּקְדוּשָׁה וּבְשִׂמְחָה.
15. הֵם מָלְכוּ עָלַי בִּקְדוּשָׁה וּבְשִׂמְחָה.
16. מָלַכְתְּ עַל הַנְּבִיאִים בִּקְדוּשָׁה וּבְשִׂמְחָה.
17. הָלַכְנוּ אֶל יִשְׂרָאֵל לְמַעַן בְּרִיתֵנוּ.
18. הֵם הָלְכוּ אֶל יִשְׂרָאֵל לְמַעַן בְּרִיתָם.

Vocabulary

that, which, who .... אֲשֶׁר, שֶׁ־

direct object marker .... אֶת

that, because .... כִּי

write .... כ.ת.ב

food, bread *m* .... לֶחֶם

book *m* .... סֵפֶר, סְפָרִים

voice, sound *m* .... קוֹל

hear .... שׁ.מ.ע

gate *m* .... שַׁעַר, שְׁעָרִים

- From now on, we will list only the root letters of new verbs in the vocabulary.
- There are two ways to spell the direct object marker: אֶת and אֵת. We will use the more common spelling אֶת.
- The participle forms of שׁ.מ.ע hear are a little different from the normal pattern.

שׁוֹמֵעַ שׁוֹמַעַת שׁוֹמְעִים שׁוֹמְעוֹת

The past tense of שׁ.מ.ע follows the normal pattern.

You are now about two-thirds of the way through this book, and you have learned many of the most important words and language concepts found in the prayerbook. As an additional exercise, you may want to look through your prayerbook, to see how many words and phrases you can translate.

The Direct Object

Very simple Hebrew sentences can be made using only a noun and a verb.

Jacob loved.   יַעֲקֹב אָהַב.

The son wrote.   הַבֵּן כָּתַב.

By indicating <u>whom</u> Jacob loved or <u>what</u> the son wrote, these sentences can be made more complex.

Jacob loved children.   יַעֲקֹב אָהַב בָּנִים.

The son wrote a book.   הַבֵּן כָּתַב סֵפֶר.

In the sentences above, the words בָּנִים <u>children</u> and סֵפֶר <u>book</u> are called <u>direct objects</u>. The direct object of a sentence is the thing or person upon which the verb acts. The direct object of a sentence answers the question <u>what?</u> or <u>whom?</u>.

Definite and Indefinite Direct Objects

The direct object of a sentence can be a definite or an indefinite noun.

Jacob loved children.   indefinite direct object
Jacob loved <u>the</u> children.   definite direct object

The son wrote a book.   indefinite direct object
The son wrote <u>the</u> book.   definite direct object

They heard a voice.   indefinite direct object
They heard <u>the</u> voice.   definite direct object

The Word אֶת

In Hebrew, when the direct object is a definite noun, it must be preceded by the word אֶת. The word אֶת has no translation in English. It is simply used to mark direct objects when they are definite. The word אֶת helps you find the definite direct object of a Hebrew sentence. When the direct object is not definite, the word אֶת is not included.

Jacob loved children.	יַעֲקֹב אָהַב בָּנִים.
Jacob loved the children.	יַעֲקֹב אָהַב אֶת הַבָּנִים.
The son wrote a book.	הַבֵּן כָּתַב סֵפֶר.
The son wrote the book.	הַבֵּן כָּתַב אֶת הַסֵּפֶר.
We guarded a house.	שָׁמַרְנוּ בַּיִת.
We guarded the house.	שָׁמַרְנוּ אֶת הַבַּיִת.

Names of people or places are definite. When the name of a person or a place is the direct object of a sentence, it must be preceded by אֶת.

Jacob remembered Zion.	יַעֲקֹב זָכַר אֶת צִיּוֹן.
The son loved Abraham.	הַבֵּן אָהַב אֶת אַבְרָהָם.
We guarded Leah.	שָׁמַרְנוּ אֶת לֵאָה.
You remembered David.	זָכַרְתָּ אֶת דָּוִד.
They guarded Israel.	הֵם שָׁמְרוּ אֶת יִשְׂרָאֵל.

Nouns with possessive endings are definite. When a noun with a possessive ending attached is the direct object of a sentence, it must be preceded by אֶת.

Jacob remembered his people.	יַעֲקֹב זָכַר אֶת עַמּוֹ.
The son loved his father.	הַבֵּן אָהַב אֶת אָבִיו.

When the second word of a word pair is definite, the entire word pair is definite. When a definite word pair is the direct object of a sentence, it must be preceded by אֶת.

Jacob remembered the land of Israel.	יַעֲקֹב זָכַר אֶת אֶרֶץ יִשְׂרָאֵל.
The son loved the house of his father.	הַבֵּן אָהַב אֶת בֵּית אָבִיו.

If there is more than one definite direct object in a sentence, the word אֶת must appear before each one.

Jacob remembered his land and his people.	יַעֲקֹב זָכַר אֶת אַרְצוֹ וְאֶת עַמּוֹ.

Word Order

In Hebrew, a definite direct object can appear anywhere in the sentence.

You remembered Zion.	אֶת צִיּוֹן זְכַרְתֶּם.
He gave the Torah to us.	הוּא נָתַן לָנוּ אֶת הַתּוֹרָה.
Isaac guarded Jacob.	אֶת יַעֲקֹב שָׁמַר יִצְחָק.

זָכַר עַם

he remembered — a people

זָכַר אֶת הָעָם

he remembered — the people

זָכַר אֶת עַמִּי

he remembered — my people

זָכַר אֶת יִשְׂרָאֵל

he remembered — Israel

זָכַר אֶת עַם יִשְׂרָאֵל

he remembered — the people — of Israel

The Word אֶת and Participles

Sentences with participles may appear with or without the word אֶת.

He is the giver of the Torah. הוּא נוֹתֵן הַתּוֹרָה.

He is giving the Torah. הוּא נוֹתֵן אֶת הַתּוֹרָה.

The Words כִּי and אֲשֶׁר

The word כִּי can be translated as that or because.

I heard that the king remembered his people. שָׁמַעְתִּי כִּי הַמֶּלֶךְ זָכַר אֶת עַמּוֹ.

I am doing kindness for Moses because he is my father. אֲנִי עוֹשֶׂה חֶסֶד לְמֹשֶׁה כִּי הוּא אָבִי.

The word אֲשֶׁר can be translated as that, who, whom, or which. שֶׁ־ is an abbreviated form of אֲשֶׁר, which is attached to the beginning of another word.

I remembered the servant who guarded my house. זָכַרְתִּי אֶת הָעֶבֶד אֲשֶׁר שָׁמַר אֶת בֵּיתִי.

I remembered the servant who guarded my house. זָכַרְתִּי אֶת הָעֶבֶד שֶׁשָּׁמַר אֶת בֵּיתִי.

הָאֲנָשִׁים אֲשֶׁר בְּיִשְׂרָאֵל שׁוֹמְעִים אֶת קוֹל הַמֶּלֶךְ.
The people who are in Israel hear the voice of the king.

הָאֲנָשִׁים שֶׁבְּיִשְׂרָאֵל שׁוֹמְעִים אֶת קוֹל הַמֶּלֶךְ.
The people who are in Israel hear the voice of the king.

Exercises

1. Translate the following sentences into English.

1. מֹשֶׁה שָׁמַע קוֹל.
מֹשֶׁה שָׁמַע אֶת הַקּוֹל.
מֹשֶׁה שָׁמַע אֶת שָׂרָה.
מֹשֶׁה שָׁמַע אֶת קוֹלָהּ.
מֹשֶׁה שָׁמַע אֶת קוֹל שָׂרָה.

2. כָּתַבְתִּי סֵפֶר.
כָּתַבְתִּי אֶת הַסֵּפֶר.
כָּתַבְתִּי סֵפֶר טוֹב.
כָּתַבְתִּי אֶת הַסֵּפֶר הַטּוֹב.
אֶת הַסֵּפֶר כָּתַבְתִּי.

3. נָתַתָּ לָהֶם לֶחֶם.
נָתַתָּ לָהֶם אֶת הַלֶּחֶם.
לְלֵאָה נָתַתָּ אֶת הַלֶּחֶם.
אֶת הַלֶּחֶם נָתַתָּ לָהּ.
נָתַתָּ לָהֶם אֶת לֶחֶם לֵאָה.

4. שָׁמַרְנוּ שַׂעַר.
שָׁמַרְנוּ אֶת הַשַּׂעַר.
שָׁמַרְנוּ אֶת יִצְחָק.
שָׁמַרְנוּ אֶת שַׂעֲרוֹ.
אֶת שַׂעַר יִצְחָק שָׁמַרְנוּ.

2. Fill in the blanks with the word אֶת if it is needed.

1. הָאֲנָשִׁים זָכְרוּ ______ הַנָּבִיא בְּשִׂמְחָה.
2. שָׁמַעְנוּ ______ קוֹל הַנָּבִיא.
3. אָהַבְתִּי ______ אַבְרָהָם כִּי זָכַרְתִּי ______ גְּדֻלָּתוֹ.
4. כָּתַבְתָּ ______ סֵפֶר טוֹב, וְנָתַתָּ ______ סִפְרְךָ לְיִצְחָק.
5. הָעֶבֶד כָּתַב ______ דְּבָרִים רַבִּים כְּזִכָּרוֹן לְדָוִד.
6. יַעֲקֹב נָתַן לִי ______ סְפָרִים רַבִּים, וְלֹא נָתַן לִי ______ סִפְרוֹ כִּי הוּא לֹא בָטַח בִּי.
7. הַנָּבִיא, אֲשֶׁר עָשָׂה ______ שָׁלוֹם בְּאַרְצוֹ, אָמַר ______ דִּבְרֵי הָאֱמֶת אֶל הָעָם, וְכָל הָאֲנָשִׁים שָׁמְעוּ ______ קוֹלוֹ.

3. Change all the direct objects in these sentences from indefinite to definite, and add אֶת. Translate.

Example: הָאָב אָהַב עֶבֶד טוֹב.

הָאָב אָהַב אֶת הָעֶבֶד הַטּוֹב.

1. זָכַרְתִּי סֵפֶר שֶׁבְּבֵיתְךָ.
2. לֵאָה וְיַעֲקֹב אָהֲבוּ לֶחֶם.
3. הוּא כָּתַב דְּבָרִים אֲשֶׁר שָׁמַע.
4. הַנָּבִיא נָתַן לֶחֶם לְעַבְדּוֹ שֶׁשָּׁמַר עַל שַׁעֲרֵי בֵּיתוֹ.
5. הִיא זָכְרָה יָמִים בְּיִשְׂרָאֵל בְּשִׂמְחָה.
6. שָׁמַעְנוּ בְּרָכוֹת בַּיּוֹם וּבַלַּיְלָה מֵהַנָּבִיא.
7. עַבְדֵי יַעֲקֹב שָׁמְרוּ שְׁעָרִים מִידֵי הָרְשָׁעִים.
8. דָּוִד כָּתַב סְפָרִים רַבִּים עַל גְּדוּלַּת הַנְּבִיאִים.

4. Translate the following sentences into English.

1. אָנוּ שׁוֹמְרִים אֶת זִכְרוֹן גְּדֻלָּתְךָ כִּי אַתָּה מַלְכֵּנוּ.
2. אָנוּ שׁוֹמְרִים אֶת זִכְרוֹן גְּדֻלַּת הַמֶּלֶךְ שֶׁמּוֹלֵךְ עָלֵינוּ.
3. זָכַרְתָּ אֶת שְׁמִי וַאֲנִי זָכַרְתִּי כִּי נָבִיא אַתָּה.
4. זָכַרְתִּי אֶת הַחֶסֶד אֲשֶׁר הַנָּבִיא עָשָׂה לָךְ.
5. שָׁמַעְתִּי כִּי שַׁעֲרֵי צִיּוֹן גְּדוֹלִים וְטוֹבִים הֵם.
6. שָׁמַעְתִּי כִּי הַשְּׁעָרִים שֶׁבְּצִיּוֹן גְּדוֹלִים וְטוֹבִים הֵם.
7. הָאִישׁ שׁוֹמֵר אֶת בֵּיתוֹ כִּי הוּא שָׁמַע אֶת קוֹל הָאֲנָשִׁים הָרְשָׁעִים.
8. הָאִישׁ שׁוֹמֵר אֶת הַלֶּחֶם אֲשֶׁר עָשָׂה כִּי הוּא לֹא בּוֹטֵחַ בָּאֲנָשִׁים הָרְשָׁעִים.
9. כָּתַבְנוּ אֶת דִּבְרֵי הַמַּלְאָכִים כִּי הֵם דִּבְרֵי קֹדֶשׁ.
10. יַעֲקֹב, שֶׁלֹּא אָהַב אֶת לֵאָה, לֹא הָלַךְ בְּשִׂמְחָה.

5. Rewrite the sentences below, replacing the underlined word with each word that follows. Make the necessary changes in the rest of the sentence.

1. אָנוּ זָכַרְנוּ כִּי הַמֶּלֶךְ, שֶׁמָּלַךְ עָלֵינוּ, כָּתַב דִּבְרֵי חֶסֶד.
   א. אַתָּה ב. הִיא ג. אַתֶּם ד. הֵם ה. אֲנִי
2. הָרְשָׁעִים עֹשִׂים אֶת כָּל הָרָע אֲשֶׁר בָּעוֹלָם כִּי הֵם לֹא שָׁמְעוּ אֶת דִּבְרֵי הַנָּבִיא.
   א. הָעֶבֶד ב. הַבַּת ג. אַתֶּם ד. אֲנַחְנוּ
3. הֵם בָּחֲרוּ בּוֹ כִּי הוּא שָׁמַר אֶת שַׁעֲרֵי בֵּיתָם.
   א. בִּי ב. בָּכֶם ג. בְּךָ ד. בָּנוּ ה. בָּעֲבָדִים
4. הָאֲנָשִׁים שֶׁהָלְכוּ אֶל מִצְרַיִם שָׁמְעוּ אֶת הַקּוֹל מִן הַשָּׁמַיִם.
   א. קוֹל ב. קוֹלוֹ ג. דִּבְרֵי אַבְרָהָם ד. מַלְכָּם

6. Fill in the proper form of the verb in the last column of the chart. Translate the word.

	WORD	TENSE	PRONOUN	ROOT	
Example:	שָׁמַרְנוּ	past	אֲנַחְנוּ	שׁ.מ.ר	
	______	past	הֵם	כ.ת.ב	1.
	______	past	הוּא	ע.שׂ.ה	2.
	______	participle	הֵם	ז.כ.ר	3.
	______	past	אַתֶּם	ה.ל.ך	4.
	______	past	אֲנִי	א.ה.ב	5.
	______	past	אַתָּה	ב.ח.ר	6.
	______	past	אַתָּה	נ.ת.ן	7.

7. Translate the following phrases from the prayerbook.

1. מֶלֶךְ הָעוֹלָם אֲשֶׁר בָּחַר בִּנְבִיאִים טוֹבִים
2. הַבּוֹחֵר בַּתּוֹרָה וּבְמֹשֶׁה עַבְדּוֹ וּבְיִשְׂרָאֵל עַמּוֹ וּבִנְבִיאֵי הָאֱמֶת
3. כִּי הִיא בֵּית חַיֵּינוּ
4. עַל הַתּוֹרָה, . . .וְעַל הַנְּבִיאִים, וְעַל יוֹם הַשַּׁבָּת הַזֶּה, שֶׁנָּתַתָּ לָּנוּ . . .לִקְדֻשָּׁה
5. בְּסֵפֶר חַיִּים בְּרָכָה וְשָׁלוֹם
6. חַיִּים שֶׁל שָׁלוֹם, חַיִּים שֶׁל טוֹבָה, חַיִּים שֶׁל בְּרָכָה
7. כִּי לְעוֹלָם חַסְדּוֹ
8. שֶׁבָּטְחוּ בְּךָ
9. עֹשֶׂה שָׁלוֹם וּבוֹרֵא אֶת הַכֹּל
10. כִּי בָנוּ בָחַרְתָּ . . .מִכָּל הָעַמִּים
11. כִּי בְשֵׁם קָדְשְׁךָ הַגָּדוֹל . . .בָּטָחְנוּ
12. בָּרוּךְ שֶׁנָּתַן תּוֹרָה לְעַמּוֹ יִשְׂרָאֵל בִּקְדֻשָּׁתוֹ.
13. יוֹם . . .קְדֻשָּׁה לְעַמְּךָ נָתַתָּ.
14. לֶחֶם מִן הָאָרֶץ
15. כִּי יוֹם זֶה גָּדוֹל וְקָדוֹשׁ הוּא לְפָנֶיךָ
16. אֲדוֹן עוֹלָם אֲשֶׁר מָלַךְ
17. תּוֹרַת אֱמֶת נָתַן לְעַמּוֹ . . .עַל יַד נְבִיאוֹ
18. נוֹתֵן לְרָשָׁע רַע
19. שֶׁהוּא זוֹכֵר הַבְּרִית, שֶׁהוּא טוֹב לַכֹּל, שֶׁהוּא מֶלֶךְ עוֹלָם

The translations for these can be found on pages 249–253.

The Veshameru

לַעֲשׂוֹת	אוֹת	שֵׁשֶׁת
to make	sign	six

הַשְּׁבִיעִי	שָׁבַת	וַיִּנָּפַשׁ
seventh	he ceased work	he rested

וְשָׁמְרוּ בְנֵי יִשְׂרָאֵל אֶת הַשַּׁבָּת, לַעֲשׂוֹת אֶת
הַשַּׁבָּת לְדֹרֹתָם בְּרִית עוֹלָם. בֵּינִי וּבֵין
בְּנֵי יִשְׂרָאֵל אוֹת הִיא לְעֹלָם, כִּי שֵׁשֶׁת
יָמִים עָשָׂה יְיָ אֶת הַשָּׁמַיִם וְאֶת הָאָרֶץ,
וּבַיּוֹם הַשְּׁבִיעִי שָׁבַת וַיִּנָּפַשׁ.

The word וְשָׁמְרוּ should be translated as <u>will keep</u> instead of <u>kept</u>.

The word לְדֹרֹתָם is the plural of the word דּוֹר, דּוֹרוֹת, with the preposition לְ־ and the possessive ending ־ָם at-
tached.

See if you can translate this prayer on your own, then check the prayerbook translation on pages 247–248.

Chapter 15

אֶת With Endings

Oral Review Exercise

Read and translate the following sentences orally.

1. הַנָּבִיא נָתַן מָגֵן לְעַבְדּוֹ.
הַנָּבִיא נָתַן אֶת הַמָּגֵן לְעַבְדּוֹ.
הַנָּבִיא נָתַן אֶת מָגִנֵּי לְעַבְדּוֹ.
הַנָּבִיא נָתַן אֶת מָגֵן אָבִיו לְעַבְדּוֹ.
הַנָּבִיא נָתַן מָגֵן גָּדוֹל לְעַבְדּוֹ.

2. אָהַבְתִּי אֶת פְּנֵי שָׂרָה.
אָהַבְתִּי אֶת קוֹלָהּ.
אָהַבְתִּי אֶת שָׂרָה.
שָׂרָה אָהֲבָה אֶת אַבְרָהָם.
שָׂרָה לֹא זָכְרָה אֶת שְׁמִי.

3. הֵם שָׁמְעוּ אֶת הַדְּבָרִים אֲשֶׁר אָמַר הַמֶּלֶךְ.
הֵם שָׁמְעוּ אֶת דִּבְרֵי הַמֶּלֶךְ כִּי הוּא מָלַךְ עֲלֵיהֶם.
הֵם שָׁמְעוּ קוֹל גָּדוֹל מִבֵּית הַמֶּלֶךְ, וְהָלְכוּ מֵהָאָרֶץ.
הֵם שָׁמְעוּ אֶת הַקּוֹל מִבֵּית הַמֶּלֶךְ וְאָמְרוּ דְּבָרִים רַבִּים לְשֹׁמְרֵי בֵּיתוֹ.
הֵם לֹא שָׁמְעוּ דָּבָר אֶחָד מִבֵּית הַמֶּלֶךְ כִּי הוּא הָלַךְ אֶל אֶרֶץ מִצְרַיִם.

Vocabulary

in the beginning, creation .... בְּרֵאשִׁית

time, season *m* .... זְמַן

sit, dwell .... י.שׁ.ב

deed, act *m* .... מַעֲשֶׂה, מַעֲשִׂים

commandment *f* .... מִצְוָה, מִצְוֹת

soul *f* .... נֶפֶשׁ, נְפָשׁוֹת

will, favor *m* .... רָצוֹן

continually, always .... תָּמִיד

The word מִצְוָה is pronounced "mitzvah". The plural is pronounced "mitzvot".

אֵת with Endings

You have learned that Hebrew pronouns do not appear as separate words after Hebrew prepositions. Instead, endings are attached directly to the prepositions.

לִי עָלֶיךָ בָּנוּ

In the same way, Hebrew pronouns do not appear as separate words after the direct object marker אֵת. Instead, endings are attached directly to the word אֵת. On the next page is a chart showing the direct object marker אֵת with its endings. These endings are like the endings that are attached to Hebrew prepositions.

אוֹתָנוּ
us

אוֹתִי
me

אֶתְכֶם
you *m pl*

אוֹתְךָ
you *m sg*

אֶתְכֶן
you *f pl*

אוֹתָךְ
you *f sg*

אוֹתָם
them *m*

אוֹתוֹ
him, it

אוֹתָן
them *f*

אוֹתָהּ
her, it

אֵת with endings may be spelled with or without וֹ (אֹתִי, etc.).

Here are examples showing how **אֶת** with endings is used in sentences.

He remembered the mother.	הוּא זָכַר אֶת הָאֵם.
He remembered her.	הוּא זָכַר אוֹתָהּ.
I wrote the book.	כָּתַבְתִּי אֶת הַסֵּפֶר.
I wrote it.	כָּתַבְתִּי אוֹתוֹ.
They loved me.	הֵם אָהֲבוּ אוֹתִי.
They loved us.	הֵם אָהֲבוּ אוֹתָנוּ.
We loved them.	אָהַבְנוּ אוֹתָם.

כָּל with Endings

The word כָּל all, every often appears in the prayerbook with endings attached. The most common forms are listed below.

all of you *m pl*	כֻּלְּכֶם	all of it	כֻּלּוֹ
all of them	כֻּלָּם	all of us	כֻּלָּנוּ

Here are examples of כָּל with endings used in sentences.

The king gave a blessing to all the people of Israel.	הַמֶּלֶךְ נָתַן בְּרָכָה לְעַם יִשְׂרָאֵל כֻּלּוֹ.
Today all of us are as one.	הַיּוֹם כֻּלָּנוּ כְּאֶחָד.
All of them said many words.	כֻּלָּם אָמְרוּ דְּבָרִים רַבִּים.

Endings Attached to Verbs

You have already seen that endings may be attached to the word אֵת. Sometimes these endings are attached directly to verb forms, and the אֵת disappears.

you loved	אָהַבְתָּ
you loved us	אָהַבְתָּ אוֹתָנוּ
you loved us	אָהַבְתָּ נוּ
you loved us	אֲהַבְתָּנוּ

you wrote	כָּתַבְתָּ
you wrote them	כָּתַבְתָּ אוֹתָם
you wrote them	כָּתַבְתָּ ם
you wrote them	כְּתַבְתָּם

he made	הוּא עָשָׂה
he made us	הוּא עָשָׂה אוֹתָנוּ
he made us	הוּא עָשָׂה נוּ
he made us	הוּא עָשָׂנוּ

you gave	נָתַתָּ
you gave it	נָתַתָּ אוֹתוֹ
you gave it	נָתַתָּ וֹ
you gave it	נְתַתּוֹ

You Know More Than You Think

With a little help, you can now understand an important prayerbook phrase, one that introduces many blessings.

. . . אֲשֶׁר קִדְּשָׁנוּ בְּמִצְוֹתָיו וְצִוָּנוּ . . .

The verb form קִדֵּשׁ he made holy has the same root as words you already know: קָדוֹשׁ holy, קֹדֶשׁ holiness, and קְדֻשָּׁה holiness. In the above phrase the ending נוּ is a contraction of the word אוֹתָנוּ.

He made us holy.	הוּא קִדֵּשׁ אוֹתָנוּ.
He made us holy.	הוּא קִדְּשָׁנוּ.

The word צִוָּנוּ is based on the verb form צִוָּה he commanded. It has the same root as the word מִצְוָה commandment. In the above phrase the ending נוּ is a contraction of the word אוֹתָנוּ.

He commanded us.	הוּא צִוָּה אוֹתָנוּ.
He commanded us.	הוּא צִוָּנוּ.

The word מִצְוֹתָיו is the plural form of the word מִצְוָה commandment with the possessive ending his attached. The literal translation of this familiar phrase is: "who made us holy with his commandments and commanded us".

The rules for attaching endings to verbs are rather complicated, and we will not introduce them in this book.

Exercises

1. Fill in the blanks in the simple sentences below using the correct form of אֶת with endings. Translate.

אוֹתָךְ	אוֹתְךָ	אוֹתִי	אוֹתָהּ
אוֹתוֹ	אוֹתָם	אוֹתָנוּ	אֶתְכֶם

1. הֵם זָכְרוּ ______ . (us)
2. שָׁמַעְתִּי ______ . (her)
3. אָהַבְתָּ ______ . (me)
4. אֲמַרְתֶּם ______ . (it *m*)
5. נָתַתָּ ______ . (them *m*)
6. אָהַבְנוּ ______ . (you *m pl*)
7. זָכַרְנוּ ______ . (you *f sg*)
8. שָׁמַעְתִּי ______ . (you *m sg*)
9. זָכַרְתָּ ______ . (him)

2. Fill in the blanks by substituting the proper form of אֶת with endings for the word given in parentheses. Translate.

Example: שָׁמַעְנוּ ______ . (הַקּוֹל) שָׁמַעְנוּ אוֹתוֹ.

1. אֲנִי אוֹהֶבֶת ______ בְּכָל נַפְשִׁי. (אַתָּה)
2. אֲנַחְנוּ עוֹשִׂים ______ . (הַמַּעֲשִׂים)
3. בִּתֵּנוּ יָשְׁבָה בְּבֵיתָהּ וְזָכְרָה ______ . (אֲנַחְנוּ)
4. הֵם אוֹהֲבִים אֶת בִּתּוֹ כִּי הֵם אָהֲבוּ ______ . (הוּא)
5. בְּכָל זְמַן שִׂמְחָתֵנוּ אֲנַחְנוּ זוֹכְרִים ______ . (אַתֶּם)
6. שָׁמַעְנוּ אֶת הַמִּצְוֹת וְתָמִיד שָׁמַרְנוּ ______ . (הַמִּצְוֹת)
7. זָכַרְנוּ אֶת קְדֻשַּׁת הַשַּׁבָּת וְאָהַבְנוּ ______ . (קְדֻשַּׁת הַשַּׁבָּת)
8. הֵם עוֹשִׂים אֶת רְצוֹנִי כִּי הֵם אוֹהֲבִים ______ . (אֲנִי)

3. Fill in the blanks with the proper forms of prepositions and אֶת with endings.

	עַל	לְ־	בְּ־	אֶת
אֲנִי	עָלַי	לִי	בִּי	אוֹתִי
אַתָּה	______	______	______	______
אַתְּ	______	______	______	______
הוּא	______	______	______	______
הִיא	______	______	______	______
אֲנַחְנוּ	______	______	______	______
אַתֶּם	______	______	______	______
הֵם	______	______	______	______

4. Translate the following sentences into English.

1. הַנָּבִיא זָכַר אֶת כֻּלְּכֶם כִּי הוּא אָהַב אֶתְכֶם.
2. רִשְׁעֵי הָאָרֶץ שָׁמְעוּ אֶת הַמִּצְוֹת וְלֹא עָשׂוּ אוֹתָן.
3. הָעֶבֶד תָּמִיד עָשָׂה אֶת רְצוֹן אֲדוֹנוֹ, וְהָאָדוֹן זָכַר אֹתוֹ בְּאַהֲבָה רַבָּה.
4. הַמֶּלֶךְ שֶׁיָּשַׁב בְּבֵיתוֹ כָּתַב סְפָרִים רַבִּים עַל מַעֲשֵׂי אָבִיו, וְנָתַן אֶת כֻּלָּם לִבְנוֹ.
5. אֲנִי אוֹהֵב אֶת בִּתִּי בְּכָל נַפְשִׁי כִּי הִיא תָּמִיד עוֹשָׂה לִי לֶחֶם טוֹב, וְנוֹתֶנֶת לִי אֶת כֻּלּוֹ.
6. עַם יִשְׂרָאֵל יָשַׁב בְּאַרְצוֹ וְשָׁמַר אֹתָהּ מֵאַנְשֵׁי מִצְרַיִם.
7. כֻּלָּנוּ שָׁמַרְנוּ אֶת קְדֻשַּׁת הַתּוֹרָה, וְהַתּוֹרָה שָׁמְרָה אוֹתָנוּ מֵרַע בְּכָל הַזְּמַנִּים.
8. אֲנִי אֹהֵב אוֹתָךְ. תָּמִיד אֲנִי הוֹלֵךְ אֶל בֵּיתֵךְ, וְכָל יוֹם אֲנִי עוֹשֶׂה אֶת רְצוֹנֵךְ.
9. אֲנַחְנוּ שׁוֹמְרִים אֶת הֶחָג לְזִכָּרוֹן לְמַעֲשֵׂה בְרֵאשִׁית.

5. Rewrite the sentences below, replacing the underlined word with each word that follows. Make the necessary changes in the rest of the sentence.

1. מֹשֶׁה זָכַר אוֹתָנוּ, כִּי כֻּלָּנוּ אָהַבְנוּ אוֹתוֹ.

א. אַתֶּם ב. הִיא ג. הֵם ד. אַתָּה ה. אַתְּ

2. הָאֲנָשִׁים אֲשֶׁר בְּבֵיתְךָ בָּטְחוּ בְּךָ, וְאַתָּה שָׁמַרְתָּ אֹתָם.

א. בִּי ב. בּוֹ ג. בָּנוּ ד. בָּכֶם ה. בָּהּ

3. הֵם לֹא שָׁמְעוּ אֶת קוֹל הַנָּבִיא, וְהַנָּבִיא לֹא בָּחַר בָּהֶם כִּי לֹא אָהַב אוֹתָם.

א. אַתָּה ב. הִיא ג. אָנוּ ד. אֲנִי ה. אַתֶּם

4. אֲנִי תָּמִיד שׁוֹמֵר אֶת הַמִּצְוֹת, וְאִמִּי אוֹהֶבֶת אֹתִי.

א. הוּא ב. הָעֲבָדִים ג. אַתָּה ד. אֲנַחְנוּ ה. אַתֶּם

6. Read the following limericks aloud and translate them into English. If translated correctly they will sound terrible.

1. יָשַׁבְתִּי בְּבֵית אֲדוֹנִי,
וּבִתּוֹ זָכְרָה אֶת שְׁמִי.
אָהַבְתִּי אֶת קוֹלָהּ,
הִיא נָתְנָה אֶת לִבָּהּ,
וְהַיּוֹם יָדָהּ בְּיָדִי.

2. זָכַרְנוּ נְבִיא רַחֲמִים
שֶׁשָּׁמַעְנוּ כָּל הַיָּמִים.
הוּא נָתַן מִצְוָה,
בְּשָׁלוֹם וְשִׂמְחָה,
וְאָנוּ בָּחַרְנוּ בַּחַיִּים.

7. Translate the following phrases from the prayerbook.

1. אֶרֶץ . . . וְיוֹשְׁבֵי בָהּ
2. מַלְכוּתְךָ מַלְכוּת כָּל עֹלָמִים
3. שֵׁם קָדְשׁוֹ לְעוֹלָם וָעֶד
4. בָּרוּךְ הוּא . . . שֶׁבְּרָאָנוּ לִכְבוֹדוֹ
5. גְּדֻלָּה לְיוֹצֵר בְּרֵאשִׁית, שֶׁלֹּא עָשָׂנוּ . . . .
6. כִּי הַמַּלְכוּת שֶׁלְּךָ הִיא
7. בְּכָל יוֹם תָּמִיד מַעֲשֵׂה בְרֵאשִׁית
8. כֻּלָּם . . . עָשִׂיתָ
9. טוֹב יָצַר כָּבוֹד לִשְׁמוֹ
10. תָּמִיד . . . כְּבוֹד אֵל וּקְדֻשָּׁתוֹ
11. אוֹר שֶׁעָשִׂיתָ
12. כֻּלָּם כְּאֶחָד . . . אוֹמְרִים
13. לְעֹשֵׂה אוֹרִים גְּדֹלִים, כִּי לְעוֹלָם חַסְדּוֹ
14. אַהֲבָה רַבָּה אֲהַבְתָּנוּ
15. הַבּוֹחֵר בְּעַמּוֹ יִשְׂרָאֵל בְּאַהֲבָה
16. בָּרוּךְ שֵׁם כְּבוֹד מַלְכוּתוֹ לְעוֹלָם וָעֶד
17. וְאָהַבְתָּ . . . בְּכָל לְבָבְךָ וּבְכָל נַפְשְׁךָ
18. וּכְתַבְתָּם עַל . . . בֵּיתֶךָ
19. בְּכָל לְבַבְכֶם וּבְכָל נַפְשְׁכֶם
20. מֵעַל הָאָרֶץ הַטֹּבָה אֲשֶׁר . . . נֹתֵן לָכֶם
21. וּזְכַרְתֶּם אֶת כָּל מִצְוֹת . . . וַעֲשִׂיתֶם אֹתָם
22. וְטוֹב . . . הַדָּבָר הַזֶּה עָלֵינוּ לְעוֹלָם וָעֶד
23. בְּשִׂמְחָה רַבָּה, וְאָמְרוּ כֻלָּם: מִי כָמֹכָה בָּאֵלִים

The translations for these can be found on pages 249–253.

Guided Readings

Guided readings are designed to lead you step by step through important prayers. Each chapter from now on will include a guided reading to enable you to understand important prayers. In this chapter you will read the Sim Shalom (the last paragraph of the morning service Amidah), and the blessing for the lighting of Sabbath candles.

In the right-hand column, the Hebrew prayer is given in short sections, and the unfamiliar words in each section are explained. An English translation is given in the left-hand column. Because we have tried to stay as close as possible to the literal meaning of the Hebrew, this translation may sound awkward at times. You can look in your prayerbook for a smoother translation. There are often several ways to translate a Hebrew word, phrase, or sentence; the translations given in this book may be the same as, or quite different from, the translations you will find in your prayerbook.

Sim Shalom

1. Put peace, goodness and blessing, grace and kindness and compassion,	put שִׂים
	goodness טוֹבָה
	grace חֵן
	שִׂים שָׁלוֹם, טוֹבָה וּבְרָכָה, חֵן וָחֶסֶד וְרַחֲמִים,

2. on us and on all Israel your people.	עָלֵינוּ וְעַל כָּל יִשְׂרָאֵל עַמֶּךָ.
3. Bless us, our Father, all of us as one, with the light of your face;	בָּרְכֵנוּ bless us פָּנֶיךָ your face בָּרְכֵנוּ אָבִינוּ, כֻּלָּנוּ כְּאֶחָד, בְּאוֹר פָּנֶיךָ;
4. because with the light of your face you gave us, Lord our God,	כִּי בְאוֹר פָּנֶיךָ נָתַתָּ לָּנוּ, יְיָ אֱלֹהֵינוּ,
5. a Torah of life and love of kindness, and righteousness and blessing and compassion, and life and peace.	תּוֹרַת חַיִּים וְאַהֲבַת חֶסֶד, וּצְדָקָה וּבְרָכָה וְרַחֲמִים, וְחַיִּים וְשָׁלוֹם.
6. And it is good in your eyes to bless your people Israel	עֵינֶיךָ your eyes לְבָרֵךְ to bless וְטוֹב בְּעֵינֶיךָ לְבָרֵךְ אֶת עַמְּךָ יִשְׂרָאֵל
7. at every time and in every hour with your peace.	עֵת time שָׁעָה hour בְּכָל עֵת וּבְכָל שָׁעָה בִּשְׁלוֹמֶךָ.
8. Blessed are you, Lord, who blesses his people Israel with peace.	הַמְבָרֵךְ the one who blesses בָּרוּךְ אַתָּה, יְיָ, הַמְבָרֵךְ אֶת עַמּוֹ יִשְׂרָאֵל בַּשָּׁלוֹם.

Here is the entire Sim Shalom in Hebrew.

שִׂים שָׁלוֹם, טוֹבָה וּבְרָכָה, חֵן וָחֶסֶד וְרַחֲמִים, עָלֵינוּ
וְעַל כָּל יִשְׂרָאֵל עַמֶּךָ. בָּרְכֵנוּ אָבִינוּ, כֻּלָּנוּ כְּאֶחָד,
בְּאוֹר פָּנֶיךָ; כִּי בְאוֹר פָּנֶיךָ נָתַתָּ לָּנוּ, יְיָ אֱלֹהֵינוּ,
תּוֹרַת חַיִּים וְאַהֲבַת חֶסֶד, וּצְדָקָה וּבְרָכָה וְרַחֲמִים,
וְחַיִּים וְשָׁלוֹם. וְטוֹב בְּעֵינֶיךָ לְבָרֵךְ אֶת עַמְּךָ יִשְׂרָאֵל
בְּכָל עֵת וּבְכָל שָׁעָה בִּשְׁלוֹמֶךָ. בָּרוּךְ אַתָּה, יְיָ, הַמְבָרֵךְ
אֶת עַמּוֹ יִשְׂרָאֵל בַּשָּׁלוֹם.

The Lighting of Sabbath Candles

1. Blessed are you, Lord our God, king of the universe,	בָּרוּךְ אַתָּה, יְיָ אֱלֹהֵינוּ, מֶלֶךְ הָעוֹלָם,
2. who sanctified us with his commandments	he sanctified us קִדְּשָׁנוּ his commandments מִצְוֹתָיו אֲשֶׁר קִדְּשָׁנוּ בְּמִצְוֹתָיו
3. and commanded us to light the light of Sabbath.	he commanded us צִוָּנוּ to light לְהַדְלִיק light, candle נֵר וְצִוָּנוּ לְהַדְלִיק נֵר שֶׁל שַׁבָּת.

Here is the entire Sabbath candle blessing in Hebrew.

בָּרוּךְ אַתָּה, יְיָ אֱלֹהֵינוּ, מֶלֶךְ הָעוֹלָם, אֲשֶׁר קִדְּשָׁנוּ
בְּמִצְוֹתָיו וְצִוָּנוּ לְהַדְלִיק נֵר שֶׁל שַׁבָּת.

Chapter 16

This and That

Oral Review Exercise

Read and translate the following sentences orally.

1. הוּא אָהַב אוֹתִי וְעָשָׂה אֶת רְצוֹנִי תָּמִיד.
הוּא אָהַב אֹתְךָ וְעָשָׂה אֶת רְצוֹנְךָ תָּמִיד.
הוּא אָהַב אוֹתָהּ וְעָשָׂה אֶת רְצוֹנָהּ תָּמִיד.
הוּא אָהַב אֹתָנוּ וְעָשָׂה אֶת רְצוֹנֵנוּ תָּמִיד.
הוּא אָהַב אוֹתָם וְעָשָׂה אֶת רְצוֹנָם תָּמִיד.

2. שָׁמַעְתִּי אֶת קוֹל הַנָּבִיא, וְזָכַרְתִּי אֹתוֹ.
שָׁמַעְתִּי אֶת קוֹל לֵאָה, וְזָכַרְתִּי אוֹתָהּ.
שָׁמַעְתִּי אֶת קוֹל הַמְּלָכִים, וְזָכַרְתִּי אֹתָם.
שָׁמַעְתִּי אֶת קוֹלֶךָ, וְזָכַרְתִּי אוֹתְךָ.
שָׁמַעְתִּי אֶת קוֹלְכֶם, וְזָכַרְתִּי אֶתְכֶם.

3. כֻּלָּנוּ זוֹכְרִים אֶת זְמַן הֶחָג, כִּי הוּא זִכָּרוֹן
לְמַעֲשֵׂה בְרֵאשִׁית.
כֻּלְּכֶם זְכַרְתֶּם אֶת זְמַן הֶחָג, כִּי הוּא זִכָּרוֹן
לְמַעֲשֵׂה בְרֵאשִׁית.
כֻּלָּנוּ זָכַרְנוּ אֶת דִּבְרֵי מֹשֶׁה, כִּי הֵם זִכָּרוֹן
לִיצִיאַת מִצְרַיִם.

Vocabulary

ground, land *f*	אֲדָמָה
redeem	ג.א.ל
redemption *f*	גְּאֻלָּה
way, road *m* or *f*	דֶּרֶךְ, דְּרָכִים
be	ה.י.ה
family *f*	מִשְׁפָּחָה, מִשְׁפָּחוֹת
city *f*	עִיר, עָרִים
prayer *f*	תְּפִלָּה, תְּפִלּוֹת

This and These

You have already learned the words זֶה and זֹאת <u>this</u>, and אֵלֶּה <u>these</u>.

This is the book.	זֶה הַסֵּפֶר.
This is the family.	זֹאת הַמִּשְׁפָּחָה.
These are the words.	אֵלֶּה הַדְּבָרִים.

These words may be used in the same way as adjectives with definite nouns. They then have ה attached.

this book	הַסֵּפֶר הַזֶּה
this family	הַמִּשְׁפָּחָה הַזֹּאת
these words	הַדְּבָרִים הָאֵלֶּה
these prayers	הַתְּפִלּוֹת הָאֵלֶּה

Here are some examples of הַזֶּה, הַזֹּאת, and הָאֵלֶּה used in sentences.

I wrote this book.	כָּתַבְתִּי אֶת הַסֵּפֶר הַזֶּה.
This night I make bread.	הַלַּיְלָה הַזֶּה אֲנִי עוֹשֶׂה לֶחֶם.
This family is going to Zion.	הַמִּשְׁפָּחָה הַזֹּאת הוֹלֶכֶת לְצִיּוֹן.
They remembered these words.	הֵם זָכְרוּ אֶת הַדְּבָרִים הָאֵלֶּה.
We kept these commandments.	שָׁמַרְנוּ אֶת הַמִּצְוֹת הָאֵלֶּה.

That and Those

The words הַהוּא and הַהִיא should be translated that.

We remembered that day.	זָכַרְנוּ אֶת הַיּוֹם הַהוּא.
That prophet said many words.	הַנָּבִיא הַהוּא אָמַר דְּבָרִים רַבִּים.
I heard that commandment.	שָׁמַעְתִּי אֶת הַמִּצְוָה הַהִיא.
That daughter is a bad daughter.	הַבַּת הַהִיא בַּת רָעָה.

The word הָהֵם should be translated those.

The servant loved those people.	הָעֶבֶד אָהַב אֶת הָאֲנָשִׁים הָהֵם.
In those days we walked from the land of Egypt.	בַּיָּמִים הָהֵם הָלַכְנוּ מֵאֶרֶץ מִצְרַיִם.

The Verb ה.י.ה

The verb ה.י.ה <u>be</u> has unusual forms in the past tense.
Listed below are the past tense forms of ה.י.ה.

we were	•הָיִינוּ	I was	הָיִיתִי
you were *m pl*	•הֱיִיתֶם	you were *m sg*	הָיִיתָ
you were *f pl*	הֱיִיתֶן	you were *f sg*	הָיִית
they were *m*	•הָיוּ	he was, it was	הָיָה•
they were *f*	•הָיוּ	she was, it was	הָיְתָה•

The forms that are most commonly used in the prayerbook are
shown above with dots next to them. These are the only forms
that will appear in the exercises in this book.

The participle form of the verb ה.י.ה is very rare. Noun
sentences are normally used instead.

He is in the city.	הוּא בָּעִיר.
He was in the city.	הוּא הָיָה בָּעִיר.
We are slaves.	אֲנַחְנוּ עֲבָדִים.
We were slaves.	הָיִינוּ עֲבָדִים.
You are holy.	אַתֶּם קְדוֹשִׁים.
You were holy.	הֱיִיתֶם קְדוֹשִׁים.
These are the words.	אֵלֶּה הַדְּבָרִים.
These were the words.	אֵלֶּה הָיוּ הַדְּבָרִים.

Have in Hebrew

There is no Hebrew verb to express the English verb <u>have</u>. Instead, possession can be shown by using the preposition לְ. Below are examples of this in noun sentences.

To us there are books. *or*
We have books.

לָנוּ סְפָרִים.

To Abraham there is a son. *or*
Abraham has a son.

לְאַבְרָהָם בֵּן.

To express <u>have</u> in the past tense, the verb ה.י.ה is used.

To us there were books. *or*
We had books.

לָנוּ הָיוּ סְפָרִים.

To Abraham there was a son. *or*
Abraham had a son.

לְאַבְרָהָם הָיָה בֵּן.

The word אֵין is used in noun sentences together with לְ to express <u>not have</u>.

There are not to us books. *or*
We do not have books.

אֵין לָנוּ סְפָרִים.

The word לֹא is used in past tense sentences together with לְ to express <u>not have</u>.

There were not to us books. *or*
We did not have books.

לֹא הָיוּ לָנוּ סְפָרִים.

There was not to Abraham a son. *or*
Abraham did not have a son.

לֹא הָיָה לְאַבְרָהָם בֵּן.

Exercises

1. Match each word in column A with the correct word in column B, and translate. Then match each word in column A with the correct word in column C, and translate.

<u>C</u>	<u>B</u>	<u>A</u>
הַהוּא	הַזֶּה	הָעִיר
הַהִיא	הַזֹּאת	הַדֶּרֶךְ
הָהֵם	הָאֵלֶּה	הַמִּשְׁפָּחָה
		הַמִּצְוָה
		הַזְּמַן
		הַיָּמִים
		הָאֲדָמָה
		הַשַּׁעַר
		הַתְּפִלָּה

2. Change the phrases in column A from singular to plural, and the phrases in column B from plural to singular.

<u>B</u>	<u>A</u>
9. הַזְּמַנִּים הָהֵם	1. הַדֶּרֶךְ הַזֹּאת
10. הַמִּשְׁפָּחוֹת הָאֵלֶּה	2. הַסֵּפֶר הַהוּא
11. הַזִּכְרוֹנוֹת הָהֵם	3. הַשַּׁעַר הַזֶּה
12. הַמִּצְוֹת הָאֵלֶּה	4. הַתְּפִלָּה הַזֹּאת
13. הַנְּבִיאִים הָהֵם	5. הַמַּלְאָךְ הַהוּא
14. הָאָבוֹת הָהֵם	6. הַנֶּפֶשׁ הַזֹּאת
15. הַלֵּילוֹת הָהֵם	7. הַדּוֹר הַהוּא
16. הַיָּדַיִם הָאֵלֶּה	8. הָעִיר הַזֹּאת

3. Translate the following sentences and circle those sentences that are in the past tense.

1. הַמַּעֲשֶׂה הַזֶּה רָשָׁע.
   הַמַּעֲשֶׂה הַזֶּה הָיָה רָשָׁע.
2. שַׁעֲרֵי הָעִיר הָיוּ בִּידֵי יִצְחָק וּמִשְׁפַּחְתּוֹ.
   שַׁעֲרֵי הָעִיר הֵם בִּידֵי יִצְחָק וּמִשְׁפַּחְתּוֹ.
3. הָיִינוּ בְּבֵית הַתְּפִלָּה בְּיוֹם הַזִּכָּרוֹן.
   אֲנַחְנוּ בְּבֵית הַתְּפִלָּה בְּיוֹם הַזִּכָּרוֹן.
4. אַתֶּם הַנְּבִיאִים אֲשֶׁר הוֹלְכִים עַל הָאֲדָמָה הַהִיא.
   הֱיִיתֶם הַנְּבִיאִים אֲשֶׁר הָלְכוּ עַל הָאֲדָמָה הַהִיא.
5. הוּא גָּאַל אֶת הֶעָרִים הָאֵלֶּה מִידֵי הָרְשָׁעִים.
   הוּא גּוֹאֵל אֶת הֶעָרִים הָאֵלֶּה מִידֵי הָרְשָׁעִים.
   זָכַרְתִּי אֶת גְּאֻלַּת הֶעָרִים הָאֵלֶּה מִידֵי הָרְשָׁעִים.
6. לִבְנֵי יִשְׂרָאֵל מִצְוֹת רַבּוֹת.
   לִבְנֵי יִשְׂרָאֵל הָיוּ מִצְוֹת רַבּוֹת.

4. Change the following sentences from the past tense to noun sentences or sentences with participles. Translate.

1. בְּנִי תָּמִיד יָשַׁב לִפְנֵי הַשַּׁעַר.
2. דָּוִד שָׁמַר אֶת מִצְוֹת הַתּוֹרָה בְּכָל נַפְשׁוֹ.
3. הַבָּנִים אָמְרוּ אֶת הַתְּפִלּוֹת הָאֵלֶּה בִּזְמַן חַג הַמַּצּוֹת.
4. הַמֶּלֶךְ הַהוּא גָּאַל אֹתָנוּ מֵרִשְׁעֵי הָאֲדָמָה.
5. אַנְשֵׁי הָעוֹלָם שָׁמְעוּ כִּי הָיְתָה גְּאֻלָּה לָעֲבָדִים
   אֲשֶׁר הָלְכוּ מִמִּצְרַיִם.
6. הַדֶּרֶךְ אֶל עִירְךָ הָיָה דֶּרֶךְ טוֹב.
7. שָׁמַעְנוּ דִּבְרֵי תּוֹרָה וְזָכַרְנוּ אֶת מַעֲשֵׂה בְּרֵאשִׁית.
8. לַמֶּלֶךְ הָיוּ עֲבָדִים רַבִּים שֶׁכָּתְבוּ סְפָרִים.

5. Rewrite the sentences below, replacing the underlined word with each word that follows. Make the necessary changes and translate each sentence.

1. אָהַבְנוּ אֶת הַבָּנוֹת הָאֵלֶּה.
א. הַבַּת ב. הַבֵּן ג. הַבָּנִים ד. הַמִּשְׁפָּחוֹת
2. הוּא נָתַן אֶת הַלֶּחֶם הַזֶּה לְמִשְׁפַּחְתּוֹ.
א. הַבְּרָכָה ב. הַסְּפָרִים ג. הַשֵּׁם ד. הָאֲרָצוֹת
3. הִיא הָיְתָה בָּעִיר כִּי אָבִיהָ יָשַׁב לִפְנֵי הַשַּׁעַר.
א. אֲנַחְנוּ ב. אַתֶּם ג. הֵם ד. יַעֲקֹב.
4. הַבָּנִים הָאֵלֶּה שָׁמְעוּ אֶת הַתְּפִלָּה אֲשֶׁר אָמַר עַבְדָּם.
א. הַנָּבִיא ב. הַמִּשְׁפָּחָה ג. הַבָּנוֹת ד. הָאֵם
5. פְּנֵי הַמֶּלֶךְ הָיוּ רְשָׁעִים.
א. בֶּן הַמֶּלֶךְ ב. אַתֶּם ג. בַּת הַמֶּלֶךְ ד. אֲנַחְנוּ
6. זֶה הַנָּבִיא שֶׁאָמַר אֶת הַדְּבָרִים הָאֵלֶּה עַל גְּאֻלַּת הָעוֹלָם.
א. הַמְּלָכִים ב. הָאִמָּהוֹת ג. הָעֶבֶד ד. הַמַּלְאָךְ
7. לְמִשְׁפַּחְתֵּנוּ בָּנִים טוֹבִים כִּי תָמִיד אֲנַחְנוּ אוֹהֲבִים אֹתָם.
א. בֵּן ב. בַּת ג. אֲדָמָה ד. סְפָרִים
8. בֶּאֱמֶת הָעֶבֶד שָׁמַר אֶת שַׁעֲרֵי עִירוֹ.
א. הָאֵם ב. אֲנַחְנוּ ג. הַנְּבִיאִים ד. אַתָּה
9. מֹשֶׁה אָמַר אֶל בְּנֵי יִשְׂרָאֵל: "אֵלֶּה הַמִּצְוֹת אֲשֶׁר בַּתּוֹרָה."
א. הָאָבוֹת ב. הַקְּדוֹשִׁים ג. אַתָּה ד. שָׂרָה

6. The following is the first sentence of the Bible. Read and translate. You will find the Hertz translation of this sentence on page 251.

בְּרֵאשִׁית בָּרָא אֱלֹהִים אֵת הַשָּׁמַיִם וְאֵת הָאָרֶץ.

7. Translate the following phrases from the prayerbook.

1. כְּמִשְׁפְּחוֹת הָאֲדָמָה
2. אֵין לָנוּ מֶלֶךְ גּוֹאֵל
3. מִמִּצְרַיִם גְּאַלְתָּנוּ
4. בְּכָל יוֹם תָּמִיד מַעֲשֵׂה בְרֵאשִׁית
5. אָדוֹן עַל כָּל הַמַּעֲשִׂים
6. לְזֵכֶר מַלְכוּתוֹ
7. וְהָיוּ הַדְּבָרִים הָאֵלֶּה . . . עַל לְבָבֶךָ
8. וּזְכַרְתֶּם אֶת כָּל מִצְוֹת
9. בְּרַחֲמִים וּבְרָצוֹן אֶת תְּפִלָּתֵנוּ, כִּי . . . שׁוֹמֵעַ תְּפִלּוֹת
10. כִּי אַתָּה שׁוֹמֵעַ תְּפִלַּת עַמְּךָ יִשְׂרָאֵל בְּרַחֲמִים
11. כִּי גוֹאֵל . . . אַתָּה
12. גֹּאֲלֵנוּ . . . שְׁמוֹ, קְדוֹשׁ יִשְׂרָאֵל . . . גָּאַל יִשְׂרָאֵל
13. גּוֹאֵל לִבְנֵי בְנֵיהֶם לְמַעַן שְׁמוֹ בְּאַהֲבָה
14. מַלְכֵּנוּ וְגוֹאֲלֵנוּ בּוֹרֵא קְדוֹשִׁים
15. וְזִכְרוֹן יְרוּשָׁלַיִם עִיר קָדְשֶׁךָ וְזִכְרוֹן כָּל עַמְּךָ בֵּית
יִשְׂרָאֵל לְפָנֶיךָ . . . וּלְטוֹבָה . . . וּלְחֶסֶד וּלְרַחֲמִים,
לְחַיִּים וּלְשָׁלוֹם בְּיוֹם חַג הַמַּצּוֹת הַזֶּה
16. וְלִירוּשָׁלַיִם עִירְךָ בְּרַחֲמִים
17. אַהֲבַת עוֹלָם בֵּית יִשְׂרָאֵל עַמְּךָ אָהָבְתָּ
18. בְּדִבְרֵי תוֹרָתְךָ וּבְמִצְוֹתֶיךָ לְעוֹלָם וָעֶד
19. וְטוֹב . . . הַדָּבָר הַזֶּה עָלֵינוּ לְעוֹלָם וָעֶד
20. לְמַעַן . . . יְמֵיכֶם וִימֵי בְנֵיכֶם עַל הָאֲדָמָה

See if you can translate these phrases on your own, then check the prayerbook translation on pages 249–253.

Guided Reading

The guided reading for this chapter includes several important prayers: the blessing said for the lighting of festival candles, the blessings said for the lighting of Chanukkah candles, and part of the Mi Chamocha.

The Lighting of Festival Candles

1. Blessed are you, Lord our God, king of the universe,	בָּרוּךְ אַתָּה, יְיָ אֱלֹהֵינוּ, מֶלֶךְ הָעוֹלָם,
2. who sanctified us with his commandments	קִדְּשָׁנוּ he sanctified us מִצְוֹתָיו his commandments אֲשֶׁר קִדְּשָׁנוּ בְּמִצְוֹתָיו
3. and commanded us to light the light of (the) festival.	צִוָּנוּ he commanded us לְהַדְלִיק to light נֵר light, candle וְצִוָּנוּ לְהַדְלִיק נֵר שֶׁל יוֹם טוֹב.

Here is the entire festival candle blessing in Hebrew.

בָּרוּךְ אַתָּה, יְיָ אֱלֹהֵינוּ, מֶלֶךְ הָעוֹלָם, אֲשֶׁר קִדְּשָׁנוּ
בְּמִצְוֹתָיו וְצִוָּנוּ לְהַדְלִיק נֵר שֶׁל יוֹם טוֹב.

The Lighting of Chanukkah Candles

1. Blessed are you, Lord our God, king of the universe,	בָּרוּךְ אַתָּה, יְיָ אֱלֹהֵינוּ, מֶלֶךְ הָעוֹלָם,
2. who sanctified us with his commandments and commanded us to light the light of Chanukkah.	אֲשֶׁר קִדְּשָׁנוּ בְּמִצְוֹתָיו וְצִוָּנוּ לְהַדְלִיק נֵר שֶׁל חֲנֻכָּה.
3. Blessed are you, Lord our God, king of the universe,	בָּרוּךְ אַתָּה, יְיָ אֱלֹהֵינוּ, מֶלֶךְ הָעוֹלָם,
4. who did miracles for our fathers	נֵס, נִסִּים miracle אֲבוֹתֵינוּ our fathers שֶׁעָשָׂה נִסִּים לַאֲבוֹתֵינוּ
5. in those days, at this season.	בַּיָּמִים הָהֵם בַּזְּמַן הַזֶּה.
6. Blessed are you, Lord our God, king of the universe,	בָּרוּךְ אַתָּה, יְיָ אֱלֹהֵינוּ, מֶלֶךְ הָעוֹלָם,
7. who gave us life and sustained us	שֶׁהֶחֱיָנוּ who gave us life קִיְּמָנוּ he sustained us שֶׁהֶחֱיָנוּ וְקִיְּמָנוּ

8. and brought us to this season.	he brought us הִגִּיעָנוּ וְהִגִּיעָנוּ לַזְּמַן הַזֶּה.

Here is the entire Chanukkah blessing in Hebrew.

בָּרוּךְ אַתָּה, יְיָ אֱלֹהֵינוּ, מֶלֶךְ הָעוֹלָם, אֲשֶׁר קִדְּשָׁנוּ
בְּמִצְוֹתָיו וְצִוָּנוּ לְהַדְלִיק נֵר שֶׁל חֲנֻכָּה.
בָּרוּךְ אַתָּה, יְיָ אֱלֹהֵינוּ, מֶלֶךְ הָעוֹלָם, שֶׁעָשָׂה נִסִּים
לַאֲבוֹתֵינוּ בַּיָּמִים הָהֵם בַּזְּמַן הַזֶּה.
בָּרוּךְ אַתָּה, יְיָ אֱלֹהֵינוּ, מֶלֶךְ הָעוֹלָם, שֶׁהֶחֱיָנוּ
וְקִיְּמָנוּ וְהִגִּיעָנוּ לַזְּמַן הַזֶּה.

Mi Chamocha

1. Moses and the children of Israel sang to you a song with great joy,	they sang, they answered עָנוּ song שִׁירָה מֹשֶׁה וּבְנֵי יִשְׂרָאֵל לְךָ עָנוּ שִׁירָה בְּשִׂמְחָה רַבָּה,
2. and all of them said:	וְאָמְרוּ כֻלָּם:
3. "Who is like you, Lord, among the mighty ones?	mighty ones, gods אֵלִם מִי כָמֹכָה בָּאֵלִם, יְיָ?
4. Who is like you, glorious in holiness,	glorious נֶאְדָּר מִי כָּמֹכָה נֶאְדָּר בַּקֹּדֶשׁ,

5. awesome (in) praises, doing wonder (doing wonderful things)?”	awesome נוֹרָא praise תְּהִלָּה, תְּהִלּוֹת wonder פֶּלֶא נוֹרָא תְהִלֹּת, עֹשֵׂה פֶלֶא.
6. (With) a new song (the) redeemed ones praised your name	new חֲדָשָׁה they praised שִׁבְּחוּ (the) redeemed ones גְּאוּלִים שִׁירָה חֲדָשָׁה שִׁבְּחוּ גְאוּלִים לְשִׁמְךָ
7. on the shore of the sea;	shore שָׂפָה sea יָם עַל שְׂפַת הַיָּם;
8. they all together gave thanks and proclaimed (your) kingship, and said:	together יַחַד they gave thanks הוֹדוּ they proclaimed (your) kingship הִמְלִיכוּ יַחַד כֻּלָּם הוֹדוּ וְהִמְלִיכוּ וְאָמְרוּ:
9. “The Lord will rule forever and ever.”	he will rule יִמְלֹךְ יְיָ יִמְלֹךְ לְעוֹלָם וָעֶד.
10. Rock of Israel, arise in the help of Israel,	rock צוּר arise! קוּמָה help, assistance עֶזְרָה צוּר יִשְׂרָאֵל, קוּמָה בְּעֶזְרַת יִשְׂרָאֵל,

11. and deliver, as (according to) your declaration, Judah and Israel.	deliver! פְּדֵה declaration נְאֻם Judah יְהוּדָה וּפְדֵה כִנְאֻמֶךָ יְהוּדָה וְיִשְׂרָאֵל.
12. Our redeemer the Lord of hosts is his name, the holy one of Israel.	our redeemer גֹּאֲלֵנוּ hosts, multitudes צְבָאוֹת גֹּאֲלֵנוּ יְיָ צְבָאוֹת שְׁמוֹ, קְדוֹשׁ יִשְׂרָאֵל.
13. Blessed are you, Lord, (who) redeemed Israel.	בָּרוּךְ אַתָּה, יְיָ, גָּאַל יִשְׂרָאֵל.

Here is the entire Mi Chamocha in Hebrew.

מֹשֶׁה וּבְנֵי יִשְׂרָאֵל לְךָ עָנוּ שִׁירָה בְּשִׂמְחָה רַבָּה,
וְאָמְרוּ כֻלָּם:
מִי כָמֹכָה בָּאֵלִם, יְיָ? מִי כָּמֹכָה נֶאְדָּר בַּקֹּדֶשׁ, נוֹרָא
תְהִלֹּת, עֹשֵׂה פֶלֶא.
שִׁירָה חֲדָשָׁה שִׁבְּחוּ גְאוּלִים לְשִׁמְךָ עַל שְׂפַת הַיָּם; יַחַד
כֻּלָּם הוֹדוּ וְהִמְלִיכוּ וְאָמְרוּ:
יְיָ יִמְלֹךְ לְעוֹלָם וָעֶד.
צוּר יִשְׂרָאֵל, קוּמָה בְּעֶזְרַת יִשְׂרָאֵל, וּפְדֵה כִנְאֻמֶךָ
יְהוּדָה וְיִשְׂרָאֵל. גֹּאֲלֵנוּ יְיָ צְבָאוֹת שְׁמוֹ, קְדוֹשׁ
יִשְׂרָאֵל. בָּרוּךְ אַתָּה, יְיָ, גָּאַל יִשְׂרָאֵל.

Chapter 17

Possessive Endings For Plural Nouns

Oral Review Exercise

Read and translate the following sentences orally.

1. הָלַכְתִּי בַּדֶּרֶךְ הַהוּא, וְזָכַרְתִּי אֶת מִשְׁפַּחְתִּי.
2. הָלַכְתָּ עַל הָאֲדָמָה הַהִיא, וְזָכַרְתָּ אֶת מִשְׁפַּחְתְּךָ.
3. הָלַכְנוּ בָּעִיר הַזֹּאת, וְזָכַרְנוּ אֶת גְּאֻלַּת הָעָם.
4. יָשְׁבוּ הָעֲבָדִים בַּשְּׁעָרִים הָאֵלֶּה, וְאָמְרוּ תְּפִלּוֹת רַבּוֹת.
5. הָאִישׁ הַזֶּה הָיָה בְּמִצְרַיִם, וְהַיּוֹם הוּא בְּיִשְׂרָאֵל.
6. הָאֲנָשִׁים הָהֵם הָיוּ בְּדֶרֶךְ רַע, וְהַיּוֹם הֵם בְּדֶרֶךְ גְּאֻלָּה וְעוֹשִׂים מַעֲשִׂים טוֹבִים תָּמִיד.
7. הָיִינוּ אֲנָשִׁים רְשָׁעִים, וְהַיּוֹם אָנוּ עוֹשִׂים אֶת הַטּוֹב לְעַם יִשְׂרָאֵל.
8. הֱיִיתֶם עֲבָדִים בְּמִצְרַיִם, וְהַיּוֹם אַתֶּם יוֹשְׁבִים בְּאַדְמַתְכֶם בְּשִׂמְחָה רַבָּה.
9. הִיא הָיְתָה בַּת עֶבֶד, וְהַיּוֹם הַמֶּלֶךְ אוֹהֵב אֹתָהּ.
10. הָיָה לְדָוִד בֵּן, וְהוּא עָשָׂה אֶת כָּל הַמִּצְוֹת.
11. הָיְתָה לְשָׂרָה בַּת, וְהִיא יָשְׁבָה בְּשַׁעֲרֵי הָעִיר.
12. הָיוּ לְיַעֲקֹב בָּנִים רַבִּים, וְהֵם גָּאֲלוּ אֶת הָאָרֶץ.
13. הָיוּ לְיִשְׂרָאֵל מִצְוֹת רַבּוֹת, וְהַיּוֹם אֲנַחְנוּ עוֹשִׂים מִצְוֹת בְּכָל יוֹם וּבְכָל לַיְלָה.

Vocabulary

strong, mighty	גִּבּוֹר, גִּבּוֹרִים
grace, favor *m*	חֵן
know	י.ד.ע.
find	מ.צ.א.
place *m*	מָקוֹם, מְקוֹמוֹת
until, as far as	עַד
eye *f*	עַיִן, עֵינַיִם
time *f*	עֵת
glory *f*	תִּפְאֶרֶת

Possessive Endings for Plural Nouns

In Chapters 6 and 7 you learned that possessive endings are attached to singular nouns.

my city	עִירִי
your kingdom *m sg*	מַלְכוּתְךָ
his name	שְׁמוֹ

Possessive endings are also attached to plural nouns. These endings are very similar to the possessive endings attached to singular nouns. You have already seen plural nouns with possessive endings attached in the prayerbook phrases from earlier chapters.

דְּבָרִים

words

דִּבְרֵינוּ our words	דְּבָרַי my words
דִּבְרֵיכֶם your words *m pl*	דְּבָרֶיךָ your words *m sg*
דִּבְרֵיכֶן your words *f pl*	דְּבָרַיִךְ your words *f sg*
דִּבְרֵיהֶם their words *m*	דְּבָרָיו his words
דִּבְרֵיהֶן their words *f*	דְּבָרֶיהָ her words

Endings for Nouns Ending in Xִים

When possessive endings are attached to plural nouns ending in Xִים, the Xִים ending is dropped, and the possessive endings are attached directly to the noun. The letter י appears in each ending. On the previous page is a chart showing the possessive endings attached to plural nouns ending in Xִים.

The possessive endings for plural nouns use the same letters as the possessive endings for singular nouns, but the vowels under them are different. Below is a chart comparing singular and plural nouns with possessive endings attached. The letter י appears in each plural possessive ending.

hands	יָדַיִם	hand	יָד
my hands	יָדַי	my hand	יָדִי
your hands *m sg*	יָדֶיךָ	your hand *m sg*	יָדְךָ
your hands *f sg*	יָדַיִךְ	your hand *f sg*	יָדֵךְ
his hands	יָדָיו	his hand	יָדוֹ
her hands	יָדֶיהָ	her hand	יָדָהּ
our hands	יָדֵינוּ	our hand	יָדֵנוּ
your hands *m pl*	יְדֵיכֶם	your hand *m pl*	יֶדְכֶם
your hands *f pl*	יְדֵיכֶן	your hand *f pl*	יֶדְכֶן
their hands *m*	יְדֵיהֶם	their hand *m*	יָדָם
their hands *f*	יְדֵיהֶן	their hand *f*	יָדָן

Endings for Nouns Ending in אוֹת

When possessive endings are attached to plural nouns ending in אוֹת, the אוֹת is not dropped. The possessive endings are attached to the אוֹת ending. These endings are the same as the endings attached to plural nouns ending in אִים. On the next page is a chart showing the possessive endings attached to plural nouns ending in אוֹת.

The possessive endings for plural nouns use the same letters as the possessive endings for singular nouns, but the vowels under them are different. Below is a chart comparing singular and plural nouns with possessive endings attached. The letter י appears in each plural possessive ending.

commandments	מִצְוֹת	commandment	מִצְוָה
my commandments	מִצְוֹתַי	my commandment	מִצְוָתִי
your commandments	מִצְוֹתֶיךָ	your commandment	מִצְוָתְךָ
your commandments	מִצְוֹתַיִךְ	your commandment	מִצְוָתֵךְ
his commandments	מִצְוֹתָיו	his commandment	מִצְוָתוֹ
her commandments	מִצְוֹתֶיהָ	her commandment	מִצְוָתָהּ
our commandments	מִצְוֹתֵינוּ	our commandment	מִצְוָתֵנוּ
your commandments	מִצְוֹתֵיכֶם	your commandment	מִצְוַתְכֶם
your commandments	מִצְוֹתֵיכֶן	your commandment	מִצְוַתְכֶן
their commandments	מִצְוֹתֵיהֶם	their commandment	מִצְוָתָם
their commandments	מִצְוֹתֵיהֶן	their commandment	מִצְוָתָן

אָבוֹת

fathers

אֲבוֹתֵינוּ **our fathers**	אֲבוֹתַי **my fathers**
אֲבוֹתֵיכֶם **your fathers** *m pl*	אֲבוֹתֶיךָ **your fathers** *m sg*
אֲבוֹתֵיכֶן **your fathers** *f pl*	אֲבוֹתַיִךְ **your fathers** *f sg*
אֲבוֹתֵיהֶם **their fathers** *m*	אֲבוֹתָיו **his fathers**
אֲבוֹתֵיהֶן **their fathers** *f*	אֲבוֹתֶיהָ **her fathers**

Exercises

1. Translate the following plural nouns with possessive endings into English.

1. עֵינַי, עֲבָדַי, יָדַי, מִצְוֹתַי, אֲבוֹתַי, פָּנַי, דְּרָכַי
2. רַחֲמֶיךָ, בָּנֶיךָ, שְׁעָרֶיךָ, אֲבוֹתֶיךָ, עֵינֶיךָ, פָּנֶיךָ
3. בָּנַיִךְ, עֵינַיִךְ, פָּנַיִךְ, דְּרָכַיִךְ, בְּנוֹתַיִךְ, דְּבָרַיִךְ
4. עֲבָדָיו, יָדָיו, מִצְוֹתָיו, בָּנָיו, עֵינָיו, אֲבוֹתָיו
5. בָּנֶיהָ, עֵינֶיהָ, פָּנֶיהָ, דְּרָכֶיהָ, דְּבָרֶיהָ, יָדֶיהָ
6. דְּבָרֵינוּ, דּוֹרוֹתֵינוּ, אֲבוֹתֵינוּ, עֵינֵינוּ, דְּרָכֵינוּ
7. בְּנֵיכֶם, דּוֹרוֹתֵיכֶם, אֲבוֹתֵיכֶם, פְּנֵיכֶם, דַּרְכֵיכֶם
8. עֵינֵיהֶם, בְּנֵיהֶם, יְדֵיהֶם, אֲבוֹתֵיהֶם, מִצְוֹתֵיהֶם

2. Translate the following groups of words. Circle the plural forms.

1. בֵּן, בְּנִי, בָּנִים, בָּנַי
2. דֶּרֶךְ, דַּרְכְּךָ, דְּרָכִים, דְּרָכֶיךָ
3. אָב, אָבִיךְ, אָבוֹת, אֲבוֹתַיִךְ
4. יָד, יָדוֹ, יָדַיִם, יָדָיו
5. מִצְוָה, מִצְוָתָהּ, מִצְוֹת, מִצְוֹתֶיהָ
6. אֶרֶץ, אַרְצֵנוּ, אֲרָצוֹת, אַרְצוֹתֵינוּ
7. עֶבֶד, עַבְדְּכֶם, עֲבָדִים, עַבְדֵיכֶם
8. בַּיִת, בֵּיתָם, בָּתִּים, בָּתֵּיהֶם
9. בַּת, בִּתּוֹ, בָּנוֹת, בְּנוֹתָיו
10. מֶלֶךְ, מַלְכֵּנוּ, מְלָכִים, מְלָכֵינוּ
11. דָּבָר, דְּבָרִי, דְּבָרִים, דְּבָרַי
12. עִיר, עִירְךָ, עָרִים, עָרֶיךָ
13. מַעֲשֶׂה, מַעֲשֵׂנוּ, מַעֲשִׂים, מַעֲשֵׂינוּ

3. Translate the following sentences into English.

1. יַעֲקֹב יוֹדֵעַ אֶת הַמָּקוֹם הַזֶּה.
אַנְשֵׁי הָעִיר יוֹדְעִים דְּרָכִים רַבִּים מִמְּקוֹמָם.
אַנְשֵׁי הָעִיר יָדְעוּ אֶת הַדְּרָכִים מִמְּקוֹמָם.
יָדַעְתִּי אֶת הַדֶּרֶךְ מִמְּקוֹמוֹ עַד שַׁעַר הָעִיר.
יָדַעְנוּ אֶת דַּרְכֵי מְקוֹמוֹ וְאֶת שְׁעָרָיו.

2. אַתָּה מוֹצֵא חֵן בְּעֵינַי כִּי אַתָּה גִּבּוֹר.
יִצְחָק מָצָא חֵן בְּעֵינֶיהָ כִּי הוּא גִּבּוֹר.
מָצָאתָ חֵן בְּעֵינָיו כִּי עָשִׂיתָ לוֹ טוֹב.
מָצָאנוּ חֵן בְּעֵינֵיהֶם כִּי יָדַעְנוּ אֶת הַכֹּל.
הֵם מָצְאוּ חֵן בְּעֵינֵינוּ כִּי הֵם יָדְעוּ אֶת הַכֹּל.

3. הוּא זָכַר אֶת תִּפְאֶרֶת אֲבוֹתָיו בְּעֵת הֶחָג.
זָכַרְנוּ אֶת תִּפְאֶרֶת אֲבוֹתֵינוּ בְּעֵת הֶחָג.
זָכַרְתָּ אֶת תִּפְאֶרֶת אֲבוֹתַי בְּעֵת הֶחָג.
הֵם זָכְרוּ אֶת תִּפְאֶרֶת אֲבוֹתֵיהֶם בְּעֵת הֶחָג.

4. שָׁמַרְתִּי אֶת שְׁעָרַי לְמַעַן מִשְׁפַּחְתִּי.
שָׁמַרְתְּ אֶת שְׁעָרַיִךְ לְמַעַן מִשְׁפַּחְתֵּךְ.
שְׁמַרְתֶּם אֶת שַׁעֲרֵיכֶם לְמַעַן מִשְׁפַּחְתְּכֶם.
הוּא שָׁמַר אֶת שְׁעָרָיו לְמַעַן מִשְׁפַּחְתּוֹ.

4. Fill in each blank, choosing the best word from the words in parentheses. Translate.

1. אֲנִי יוֹדֵעַ כִּי אַתָּה גִּבּוֹר, וּ______ גִּבּוֹרִים.
(בָּנָיו, בָּנַי, בָּנֶיךָ, בָּנוּ, בְּנֵיהֶם)

2. הַמֶּלֶךְ נָתַן לָנוּ תִּפְאֶרֶת, כִּי מָצָאנוּ חֵן בְּ______.
(עֵינַי, עֵינָיו, עֵינַיִךְ, עֵינֵינוּ, עֵינַיִךְ)

3. הַבָּנִים הָלְכוּ בַּדֶּרֶךְ עַד עִיר _____.

(אֲבוֹתָיו, אֲבוֹתַי, אֲבוֹתֶיךָ, אֲבוֹתֵינוּ, אֲבוֹתֵיהֶם)

4. בְּכָל עֵת, הַמִּשְׁפָּחָה הָלְכָה בְּדֶרֶךְ טוֹב, וְכָל _____ הָיוּ טוֹבִים.

(מַעֲשַׂי, מַעֲשֵׂיכֶם, מַעֲשֶׂיהָ, מַעֲשֵׂינוּ, מַעֲשָׂיו)

5. אָנוּ יוֹשְׁבִים בַּמָּקוֹם הַזֶּה לְכָל _____.

(דּוֹרוֹתֵינוּ, דּוֹרוֹתַי, דּוֹרוֹתֵיכֶם, דּוֹרוֹתֵיהֶם)

5. Rewrite the sentences below, replacing the underlined word with each word that follows. Make the necessary changes in the rest of the sentence. Read aloud and translate.

1. אַתֶּם הֱיִיתֶם אֲנָשִׁים גִּבּוֹרִים, וְכָל <u>מַעֲשֵׂיכֶם</u> הָיוּ מַעֲשֵׂי תִּפְאֶרֶת.

א. מַעֲשֵׂיהֶם　ב. מַעֲשָׂיו　ג. מַעֲשֵׂינוּ

2. <u>הָאָדוֹן</u> גָּאַל אֶת אַדְמָתֵנוּ, כִּי מָצָאנוּ חֵן בְּעֵינָיו.

א. אַתֶּם　ב. הַמְּלָכִים　ג. שָׂרָה　ד. אַתָּה

3. עַד הַיּוֹם, לֹא <u>הָלַכְתָּ</u> אֶל מְקוֹם אֲבוֹתֶיךָ.

א. הָלַכְנוּ　ב. הָלַכְתִּי　ג. הָלְכוּ　ד. הֲלַכְתֶּם

4. שָׁמַעְנוּ אֶת <u>קוֹל הַמֶּלֶךְ</u>, וְיָדַעְנוּ כִּי דְּבָרָיו הָיוּ דִּבְרֵי קֹדֶשׁ.

א. קוֹל הַנְּבִיאִים　ב. קוֹלְךָ　ג. קוֹלָהּ　ד. קוֹלְכֶם

5. בְּכָל עֵת, הוּא זוֹכֵר אֶת <u>חֲסָדֶיךָ</u> וְרַחֲמֶיךָ, וְעוֹשֶׂה טוֹב לְבָנֶיךָ.

א. חֲסָדָיו　ב. חֲסָדֵינוּ　ג. חֲסָדַי　ד. חַסְדֵיכֶם

6. <u>הָלַכְנוּ</u> אֶל עִירֵנוּ, וְלֹא יָדַעְנוּ מִי כָּתַב אֶת הַדָּבָר הָרָע בִּשְׁעָרֵינוּ.

א. הֵם הָלְכוּ　ב. יַעֲקֹב הָלַךְ　ג. הָלַכְתָּ　ד. הָלַכְתִּי

6. Beginning with this chapter, we will include the name of God in some of the prayerbook phrases. You will now see longer and more complete selections still using only the grammar and vocabulary that you have already learned.

1. לְךָ יְיָ הַגְּדֻלָּה . . . וְהַתִּפְאֶרֶת
כִּי כֹל בַּשָּׁמַיִם וּבָאָרֶץ . . .
2. בָּרוּךְ כְּבוֹד יְיָ מִמְּקוֹמוֹ
3. בָּרוּךְ אַתָּה, יְיָ אֱלֹהֵנוּ וֵאלֹהֵי אֲבוֹתֵינוּ, אֱלֹהֵי
אַבְרָהָם, אֱלֹהֵי יִצְחָק, וֵאלֹהֵי יַעֲקֹב,
הָאֵל הַגָּדוֹל הַגִּבּוֹר
4. וּדְבָרָיו חַיִּים . . . וּלְעוֹלְמֵי עוֹלָמִים, עַל אֲבוֹתֵינוּ
וְעָלֵינוּ, עַל בָּנֵינוּ וְעַל דּוֹרוֹתֵינוּ וְעַל כָּל
דּוֹרוֹת . . . יִשְׂרָאֵל עֲבָדֶיךָ
5. שָׁלוֹם, טוֹבָה וּבְרָכָה, חֵן וָחֶסֶד וְרַחֲמִים,
עָלֵינוּ וְעַל כָּל יִשְׂרָאֵל עַמֶּךָ
6. כִּי בְאוֹר פָּנֶיךָ נָתַתָּ לָּנוּ, יְיָ אֱלֹהֵינוּ, תּוֹרַת
חַיִּים וְאַהֲבַת חֶסֶד, וּצְדָקָה וּבְרָכָה וְרַחֲמִים,
וְחַיִּים וְשָׁלוֹם
7. אֵין כָּמוֹךָ בָאֱלֹהִים, אֲדֹנָי, וְאֵין כְּמַעֲשֶׂיךָ
מַלְכוּתְךָ מַלְכוּת כָּל עֹלָמִים
8. כִּי מִצִּיּוֹן . . . תוֹרָה, וּדְבַר יְיָ מִירוּשָׁלָיִם
9. עַל הַתּוֹרָה, . . . וְעַל הַנְּבִיאִים וְעַל יוֹם הַשַּׁבָּת הַזֶּה
וְעַל יוֹם חַג הַמַּצּוֹת הַזֶּה, שֶׁנָּתַתָּ לָּנוּ, יְיָ אֱלֹהֵינוּ
. . . וּלְשִׂמְחָה, לְכָבוֹד וּלְתִפְאָרֶת

The translations for these can be found on pages 249–253.

Guided Reading

The guided reading for this chapter includes most of the Sabbath morning Kedushah, and the Lecha Adonai, said when the Torah is taken out and shown to the congregation.

The Kedushah

1. We will sanctify your name in the world	we will sanctify נְקַדֵּשׁ נְקַדֵּשׁ אֶת שִׁמְךָ בָּעוֹלָם
2. as they sanctify it in the heavens of the heights (in the highest heavens),	as כְּשֵׁם שֶׁ־ they sanctify מַקְדִּישִׁים heights מָרוֹם כְּשֵׁם שֶׁמַּקְדִּישִׁים אוֹתוֹ בִּשְׁמֵי מָרוֹם,
3. as it is written by the hand of your prophet:	it is written כָּתוּב כַּכָּתוּב עַל יַד נְבִיאֶךָ:
4. "And this one called to this one (one to another), and said:	he called קָרָא וְקָרָא זֶה אֶל זֶה וְאָמַר:
5. 'Holy, holy, holy is the Lord of hosts;	hosts, multitudes צְבָאוֹת קָדוֹשׁ, קָדוֹשׁ, קָדוֹשׁ יְיָ צְבָאוֹת;
6. The fullness of all the earth is his glory.'"	fullness מְלֹא מְלֹא כָל הָאָרֶץ כְּבוֹדוֹ.

7. Then with the sound of a great noise,	then אָז noise רַעַשׁ אָז בְּקוֹל רַעַשׁ גָּדוֹל,
8. mighty and strong, they make (their) voice heard,	mighty אַדִּיר strong חָזָק they make heard מַשְׁמִיעִים אַדִּיר וְחָזָק, מַשְׁמִיעִים קוֹל,
9. they raise themselves alongside (the) Seraphim,	they raise themselves מִתְנַשְּׂאִים alongside לְעֻמַּת Seraphim שְׂרָפִים מִתְנַשְּׂאִים לְעֻמַּת שְׂרָפִים,
10. alongside them, they will say "Blessed—	alongside them לְעֻמָּתָם they will say יֹאמֵרוּ לְעֻמָּתָם בָּרוּךְ יֹאמֵרוּ—
11. Blessed is the glory of the Lord from his place."	place מָקוֹם בָּרוּךְ כְּבוֹד יְיָ מִמְּקוֹמוֹ.
12. The Lord will reign forever, your God, Zion, for all generations; Hallelujah!	he will reign יִמְלֹךְ Hallelujah! הַלְלוּיָהּ יִמְלֹךְ יְיָ לְעֹלָם, אֱלֹהַיִךְ צִיּוֹן לְדֹר וָדֹר; הַלְלוּיָהּ.

13. For all generations we will declare your greatness,	we will declare נַגִּיד your greatness גָּדְלֶךָ לְדוֹר וָדוֹר נַגִּיד גָּדְלֶךָ,
14. and to eternity we will make your holiness holy,	eternity נֵצַח נְצָחִים we will make holy נַקְדִּישׁ וּלְנֵצַח נְצָחִים קְדֻשָּׁתְךָ נַקְדִּישׁ,
15. and your praise, our God, will not depart from our mouth forever,	your praise שִׁבְחֲךָ our mouth פִּינוּ it will depart יָמוּשׁ וְשִׁבְחֲךָ אֱלֹהֵינוּ מִפִּינוּ לֹא יָמוּשׁ לְעוֹלָם וָעֶד,
16. because you are a great and holy God (and) king.	כִּי אֵל מֶלֶךְ גָּדוֹל וְקָדוֹשׁ אָתָּה.
17. Blessed are you, Lord, the holy God.	בָּרוּךְ אַתָּה, יְיָ, הָאֵל הַקָּדוֹשׁ.

Here is the section of the <u>Kedushah</u> used in the guided reading, in Hebrew.

נְקַדֵּשׁ אֶת שִׁמְךָ בָּעוֹלָם כְּשֵׁם שֶׁמַּקְדִּישִׁים אוֹתוֹ בִּשְׁמֵי
מָרוֹם, כַּכָּתוּב עַל יַד נְבִיאֶךָ: וְקָרָא זֶה אֶל זֶה וְאָמַר:

קָדוֹשׁ, קָדוֹשׁ, קָדוֹשׁ יְיָ צְבָאוֹת; מְלֹא כָל הָאָרֶץ כְּבוֹדוֹ.

אָז בְּקוֹל רַעַשׁ גָּדוֹל, אַדִּיר וְחָזָק, מַשְׁמִיעִים קוֹל,
מִתְנַשְּׂאִים לְעֻמַּת שְׂרָפִים, לְעֻמָּתָם בָּרוּךְ יֹאמֵרוּ—

בָּרוּךְ כְּבוֹד יְיָ מִמְּקוֹמוֹ.

יִמְלֹךְ יְיָ לְעֹלָם, אֱלֹהַיִךְ צִיּוֹן לְדֹר וָדֹר; הַלְלוּיָהּ.
לְדוֹר וָדוֹר נַגִּיד גָּדְלֶךָ, וּלְנֵצַח נְצָחִים קְדֻשָּׁתְךָ נַקְדִּישׁ,
וְשִׁבְחֲךָ אֱלֹהֵינוּ מִפִּינוּ לֹא יָמוּשׁ לְעוֹלָם וָעֶד, כִּי אֵל
מֶלֶךְ גָּדוֹל וְקָדוֹשׁ אָתָּה. בָּרוּךְ אַתָּה, יְיָ, הָאֵל הַקָּדוֹשׁ.

Lecha Adonai

1. Yours, Lord, is the greatness and the power	power גְּבוּרָה לְךָ יְיָ הַגְּדֻלָּה וְהַגְּבוּרָה
2. and the glory and the endurance and the majesty,	endurance נֵצַח majesty הוֹד וְהַתִּפְאֶרֶת וְהַנֵּצַח וְהַהוֹד,
3. for everything in heaven and on earth (is yours);	כִּי כֹל בַּשָּׁמַיִם וּבָאָרֶץ;
4. yours, Lord, is the kingdom, and (you) are exalted as the head over everything.	kingdom מַמְלָכָה exalted מִתְנַשֵּׂא head רֹאשׁ לְךָ, יְיָ, הַמַּמְלָכָה וְהַמִּתְנַשֵּׂא לְכֹל לְרֹאשׁ.

Here is the Lecha Adonai in Hebrew.

לְךָ יְיָ הַגְּדֻלָּה וְהַגְּבוּרָה וְהַתִּפְאֶרֶת וְהַנֵּצַח וְהַהוֹד,
כִּי כֹל בַּשָּׁמַיִם וּבָאָרֶץ; לְךָ, יְיָ, הַמַּמְלָכָה וְהַמִּתְנַשֵּׂא
לְכֹל לְרֹאשׁ.

Chapter 18

The Future Tense

Oral Review Exercise

Read and translate the following sentences orally.

1. מָצָאתִי אֶת בָּנֶיךָ בְּעִירִי.
   מָצָאתָ אֶת בָּנַי בְּעִירְךָ.
   דָּוִד מָצָא אֶת בָּנֵינוּ בְּעִירוֹ.
   שָׂרָה מָצְאָה אֶת בְּנֵיכֶם בְּעִירָהּ.

2. אִישׁ גִּבּוֹר גָּאַל אֶת אַדְמַת אֲבוֹתַי מֵהָרְשָׁעִים.
   אֲנָשִׁים גִּבּוֹרִים גָּאֲלוּ אֶת אַדְמַת אֲבוֹתֵיכֶם מֵהָרְשָׁעִים.
   אַנְשֵׁי יִשְׂרָאֵל גֹּאֲלִים אֶת אֶרֶץ אֲבוֹתֵיהֶם הַיּוֹם.
   תָּמִיד גָּאַלְנוּ אֶת אַדְמַת אֲבוֹתֵינוּ מֵאַנְשֵׁי מִצְרַיִם.

3. עַד הַיּוֹם עֲבָדֵינוּ עָשׂוּ אֶת הַכֹּל בְּבֵיתֵנוּ.
   עַד הַיּוֹם עֲבָדֶיךָ עָשׂוּ לָנוּ חֵן וְחֶסֶד וְרַחֲמִים.
   עַד הַיּוֹם עֲבָדַי שָׁמְרוּ אֶת בָּתַּי.
   עַד אֲשֶׁר אַתָּה מָצָאתָ חֵן בְּעֵינָיו, לֹא נָתַן לְךָ לֶחֶם.

4. יָדַעְתִּי כִּי אָבִינוּ זָכַר אֶת תִּפְאֶרֶת בֵּית דָּוִד.
   יַעֲקֹב יָדַע כִּי אֲבוֹתָיו זָכְרוּ אֶת תִּפְאֶרֶת מִשְׁפַּחְתּוֹ.
   לֹא יָדַעְנוּ כִּי בִּתֵּנוּ מָצְאָה חֵן בְּעֵינֵי בְּנְכֶם.

5. שֹׁמֵר הַשַּׁבָּת יוֹדֵעַ אֶת תִּפְאֶרֶת הַיּוֹם.
   שׁוֹמְרֵי הַשַּׁבָּת יָדְעוּ שָׁלוֹם.

Vocabulary

after, behind	אַחַר, אַחֲרֵי
seed, offspring *m*	זֶרַע
work, task *f*	מְלָאכָה, מְלָאכוֹת
breath, spirit, soul *f*	נְשָׁמָה, נְשָׁמוֹת
strength *m*	עֹז
host, multitude *m*	צָבָא, צְבָאוֹת
rock *m*	צוּר, צוּרִים

The Future Tense

You have already learned that different kinds of Hebrew verbs are formed by adding different vowels and letters to Hebrew roots. You have seen how the past tense and participles are formed from roots.

I said	אָמַרְתִּי
I guarded	שָׁמַרְתִּי
I remembered	זָכַרְתִּי
I am saying	אֲנִי אוֹמֵר
I am guarding	אֲנִי שׁוֹמֵר
I am remembering	אֲנִי זוֹכֵר

In this chapter, you will learn the pattern of vowels and letters that are added to roots to form the Hebrew future tense.

The Meaning of the Future Tense

The future tense in English describes action that takes place in the future.

> He will write.
>
> She will remember.
>
> We will hear.
>
> You will find.

The Hebrew future tense also describes action that takes place in the future, but it has other meanings as well. In the prayerbook you will find that the future tense often describes actions that are wished for.

> May he write.
>
> May she remember.
>
> May we hear.
>
> May you find.

These two meanings of the Hebrew future tense are the most common in the prayerbook, and you should remember both of them. In most cases, when the prayerbook uses the Hebrew future tense, either translation can be used.

For the sake of simplicity and clarity, in our examples we will translate the Hebrew future tense with the English future tense. Keep in mind that you will see other translations of the future tense in your prayerbook.

שׁ.מ.ר

guard

נִשְׁמֹר

we will guard

אֶשְׁמֹר

I will guard

תִּשְׁמְרוּ

you will guard *m pl*

תִּשְׁמֹר

you will guard *m sg*

תִּשְׁמֹרְנָה

you will guard *f pl*

תִּשְׁמְרִי

you will guard *f sg*

יִשְׁמְרוּ

they will guard *m*

יִשְׁמֹר

he will guard

תִּשְׁמֹרְנָה

they will guard *f*

תִּשְׁמֹר

she will guard

The Pattern of the Future Tense

On the previous page, the pattern of vowels and consonants for the Hebrew future tense has been added to the verb ש.מ.ר guard.

The chart below shows the same pattern, using the verb מ.ל.ך.

rule	מ.ל.ך
I will rule	אֶמְלֹךְ
you will rule *m sg*	תִּמְלֹךְ
you will rule *f sg*	תִּמְלְכִי
he will rule	יִמְלֹךְ
she will rule	תִּמְלֹךְ
we will rule	נִמְלֹךְ
you will rule *m pl*	תִּמְלְכוּ
you will rule *f pl*	תִּמְלֹכְנָה
they will rule *m*	יִמְלְכוּ
they will rule *f*	תִּמְלֹכְנָה

These same vowels and consonants can be added to the following roots of verbs you have learned to form the future tense.

remember	ז.כ.ר
write	כ.ת.ב
rule	מ.ל.ך
guard	שׁ.מ.ר

A Variation on the Pattern

Some verb roots in Hebrew follow the same pattern in the future, but with a slight variation. The vowel under the second root letter is X̲ instead of Ẋ.

hear	שׁ.מ.ע
I will hear	אֶשְׁמַע
you will hear *m sg*	תִּשְׁמַע
you will hear *f sg*	תִּשְׁמְעִי
he will hear	יִשְׁמַע
she will hear	תִּשְׁמַע
we will hear	נִשְׁמַע
you will hear *m pl*	תִּשְׁמְעוּ
you will hear *f pl*	תִּשְׁמַעְנָה
they will hear *m*	יִשְׁמְעוּ
they will hear *f*	תִּשְׁמַעְנָה

The verb roots you have learned that follow this pattern are listed below.

choose	ב.ח.ר
trust	ב.ט.ח
redeem	ג.א.ל
hear	שׁ.מ.ע
find	מ.צ.א

The other verb roots you have learned have irregular forms in the future tense. The same letters are added to the beginning and end of the root, but the vowels are often different. Sometimes a root letter will disappear.

Some future tense forms of א.מ.ר and ע.שׂ.ה are found in important prayers. These forms are listed below, and will be used in the exercises.

he will say	יֹאמַר
they will say	יֹאמְרוּ
he will make	יַעֲשֶׂה
they will make	יַעֲשׂוּ

Exercises

1. Translate the following groups of words into English.

1. אֲנִי כּוֹתֵב, כָּתַבְתִּי, אֶכְתֹּב
2. אַתָּה בּוֹחֵר, בָּחַרְתָּ, תִּבְחַר
3. אַתְּ שׁוֹמַעַת, שָׁמַעְתְּ, תִּשְׁמְעִי
4. הוּא זוֹכֵר, הוּא זָכַר, הוּא יִזְכֹּר
5. הִיא שֹׁמֶרֶת, הִיא שָׁמְרָה, הִיא תִּשְׁמֹר
6. אֲנַחְנוּ גּוֹאֲלִים, גָּאַלְנוּ, נִגְאַל
7. אַתֶּם מוֹלְכִים, מְלַכְתֶּם, תִּמְלְכוּ
8. הֵם מֹצְאִים, הֵם מָצְאוּ, הֵם יִמְצְאוּ
9. אֲנִי בּוֹטֵחַ, בָּטַחְתִּי, אֶבְטַח
10. אַתָּה מֹלֵךְ, מָלַכְתָּ, תִּמְלֹךְ
11. הוּא שֹׁמֵר, הוּא שָׁמַר, הוּא יִשְׁמֹר

2. Translate the following future tense verb forms into English.

1. אֶבְחַר, אֶמְלֹךְ, אֶשְׁמַע, אֶשְׁמֹר, אֶבְטַח, אֶמְצָא
2. תִּגְאַל, תִּזְכֹּר, תִּכְתֹּב, תִּבְחַר, תִּשְׁמַע, תִּשְׁמֹר
3. תִּמְצְאִי, תִּמְלְכִי, תִּגְאֲלִי, תִּכְתְּבִי, תִּבְטְחִי, תִּזְכְּרִי
4. יִמְלֹךְ, יַעֲשֶׂה, יֹאמַר, יִזְכֹּר, יִגְאַל, יִשְׁמַע
5. תִּשְׁמֹר, תִּמְצָא, תִּשְׁמַע, תִּבְטַח, תִּבְחַר, תִּגְאַל
6. נִבְטַח, נִזְכֹּר, נִכְתֹּב, נִשְׁמֹר, נִמְלֹךְ, נִמְצָא
7. תִּשְׁמְעוּ, תִּגְאֲלוּ, תִּבְחֲרוּ, תִּזְכְּרוּ, תִּבְטְחוּ, תִּמְלְכוּ
8. יִכְתְּבוּ, יִמְצְאוּ, יַעֲשׂוּ, יִשְׁמְרוּ, יִגְאֲלוּ, יֹאמְרוּ

3. Translate the following sentences into English.

1. הוּא יִמְצָא חֵן בְּעֵינַיִךְ, וְתִבְחֲרִי בּוֹ.
תִּמְצָא חֵן בְּעֵינֵיהֶם, וְהֵם יִבְחֲרוּ בְּךָ.
אֶמְצָא חֵן בְּעֵינָיו, וְהוּא יִבְחַר בִּי.
הֵם יִמְצְאוּ חֵן בְּעֵינַי, וְאֶבְחַר בָּהֶם.
מָצָאנוּ חֵן בְּעֵינֵיכֶם, וְתִבְחֲרוּ בָּנוּ.
2. הַצְּבָאוֹת שָׁמְרוּ אֶת צוּר אֲבוֹתֵיהֶם.
הַצְּבָאוֹת יִשְׁמְרוּ אֶת צוּר אֲבוֹתֵיהֶם.
נִשְׁמֹר אֶת צוּר אֲבוֹתֵינוּ בְּכָל עֻזֵּנוּ.
תִּשְׁמְרוּ אֶת צוּר אֲבוֹתֵיכֶם בְּכָל עֻזְּכֶם.
תִּשְׁמֹר אֶת צוּר אֲבוֹתֶיךָ בְּכָל עֻזֶּךָ.
3. הָעֲבָדִים עָשׂוּ אֶת מְלַאכְתָּם, וְאַחַר מְלַאכְתָּם, אֲדוֹנָם יִכְתֹּב אֶת שְׁמוֹתָם בְּסִפְרוֹ.
הָעֲבָדִים יַעֲשׂוּ אֶת מְלַאכְתָּם, וְאַחַר מְלַאכְתָּם, אֲדוֹנָם יִכְתֹּב אֶת שְׁמוֹתָם בְּסִפְרוֹ.
הָעֶבֶד יַעֲשֶׂה אֶת מְלַאכְתּוֹ, וְאַחַר מְלַאכְתּוֹ, אֲדוֹנָיו יִכְתְּבוּ אֶת שְׁמוֹ בְּסִפְרֵיהֶם.

4. On a separate piece of paper, make three columns with the headings shown below. Write each of the following verb forms in the appropriate column. Translate each word.

יִשְׁמֹר הָלְכוּ תִּמְלֹךְ נוֹתְנִים יָדַעְתִּי אוֹהֵב
אֶשְׁמַע כָּתַבְנוּ יֹאמַר יִבְטְחוּ עָשָׂה יָשַׁבְנוּ
תִּגְאֲלוּ נִבְחַר הֹלֶכֶת נָתְנוּ תִּמְצְאִי אָהַבְנוּ
אוֹמְרִים עוֹשִׂים כְּתַבְתֶּם יַעֲשׂוּ מָלַךְ יִזְכֹּר
זוֹכֵר הָלַכְתָּ אֶמְלֹךְ שׁוֹמֵעַ נִמְצָא

past tense	future tense	participle

5. Rewrite the sentences below, replacing the underlined word with each word that follows. Make the necessary changes in the rest of the sentence. Read aloud and translate.

1. זֶרַע דָּוִד יִמְלֹךְ עַל צִבְאוֹת יִשְׂרָאֵל, וְיִגְאַל אֹתָם מִכָּל רַע.
א. בְּנֵי דָּוִד ב. אַתָּה ג. אֲנַחְנוּ ד. אַתֶּם
2. הַיּוֹם אֲנִי שׁוֹמֵר אֶת נִשְׁמַת בְּנִי וְהוּא יִשְׁמֹר אוֹתִי.
א. נִשְׁמַת בִּתִּי ב. נִשְׁמַת בָּנַי ג. נִשְׁמָתְךָ
ד. נִשְׁמַתְכֶם
3. אֲנִי אֶזְכֹּר אֶת עֹז דָּוִד, וְאֶת תִּפְאֶרֶת בָּנָיו, וְאֶת מְלַאכְתּוֹ אֲשֶׁר הוּא עָשָׂה.
א. אֲנַחְנוּ ב. אַתָּה ג. הַנְּבִיאִים ד. אַתֶּם
4. יַעֲקֹב הָיָה צוּרֵנוּ בִּימֵי הָרְשָׁעִים, וְהַיּוֹם אָנוּ נִבְחַר בּוֹ כְּמַלְאָכֵנוּ.
א. אַתָּה ב. אַתֶּם ג. אֲנִי ד. הֵם

6. Translate the following story into English using the words below.

harvest	ק.צ.ר	woman	אִשָּׁה
she made	עָשְׂתָה	one	אַחַת
I will eat	אֹכַל	sheaves of wheat	שִׁבֳּלִים
also	גַּם	take	ל.ק.ח
only	רַק	sow	ז.ר.ע

זֶרַע הַשִּׁבֳּלִים

(adapted from "The Little Red Hen")

אִשָּׁה אַחַת הָלְכָה בַּדֶּרֶךְ וּמָצְאָה זֶרַע שִׁבֳּלִים עַל הָאֲדָמָה.
לָקְחָה הָאִשָּׁה אֶת זֶרַע הַשִּׁבֳּלִים אֶל בֵּיתָהּ וְאָמְרָה לְאִישָׁהּ
וְלִבְנָהּ וּלְבִתָּהּ: "מָצָאתִי זֶרַע שִׁבֳּלִים בַּדֶּרֶךְ. מִי יִזְרַע
אֶת זֶרַע הַשִּׁבֳּלִים הַזֶּה?"
"לֹא אֲנִי!" אָמַר אִישָׁהּ.
"לֹא אֲנִי!" אָמַר בְּנָהּ.
"לֹא אֲנִי!" אָמְרָה בִּתָּהּ.
אָמְרָה הָאִשָּׁה: "אֲנִי אֶזְרַע אֶת הַזֶּרַע!" וְזָרְעָה אֶת זֶרַע
הַשִּׁבֳּלִים.

וְאַחֲרֵי יָמִים רַבִּים הָיוּ שִׁבֳּלִים בָּאֲדָמָה, וְאָמְרָה הָאִשָּׁה:
"מִי יִשְׁמֹר אֶת הַשִּׁבֳּלִים?"
"לֹא אֲנִי!" אָמַר אִישָׁהּ.
"לֹא אֲנִי!" אָמַר בְּנָהּ.
"לֹא אֲנִי!" אָמְרָה בִּתָּהּ.

אָמְרָה הָאִשָּׁה: "אֲנִי אֶשְׁמֹר אֶת הַשִּׁבֳּלִים." וְשָׁמְרָה אֶת הַשִּׁבֳּלִים עַד אֲשֶׁר הָיוּ לִגְדוֹלוֹת.

אָמְרָה הָאִשָּׁה: "שָׁמַרְתִּי אֶת הַשִּׁבֳּלִים וְהֵן טוֹבוֹת. מִי יִקְצֹר אֶת הַשִּׁבֳּלִים?"

"לֹא אֲנִי!" אָמַר אִישָׁהּ.

"לֹא אֲנִי!" אָמַר בְּנָהּ.

"לֹא אֲנִי!" אָמְרָה בִּתָּהּ.

"אֲנִי אֶקְצֹר אֶת הַשִּׁבֳּלִים!" אָמְרָה הָאִשָּׁה וְקָצְרָה אֶת כָּל הַשִּׁבֳּלִים.

אָמְרָה הָאִשָּׁה: "קָצַרְתִּי אֶת כָּל הַשִּׁבֳּלִים הַטּוֹבוֹת. מִי יַעֲשֶׂה לֶחֶם מֵהַשִּׁבֳּלִים?"

"לֹא אֲנִי!" אָמַר אִישָׁהּ.

"לֹא אֲנִי!" אָמַר בְּנָהּ.

"לֹא אֲנִי!" אָמְרָה בִּתָּהּ.

לָקְחָה הָאִשָּׁה אֶת כָּל הַשִּׁבֳּלִים אֲשֶׁר הִיא קָצְרָה וְעָשְׂתָה לֶחֶם טוֹב.

אָמְרָה הָאִשָּׁה: "הַלֶּחֶם הַזֶּה הוּא טוֹב. אֹכַל אֶת הַלֶּחֶם!"

"גַּם אֲנִי!" אָמַר אִישָׁהּ.

"גַּם אֲנִי!" אָמַר בְּנָהּ.

"גַּם אֲנִי!" אָמְרָה בִּתָּהּ.

אָמְרָה הָאִשָּׁה: "לֹא זְרַעְתֶּם אֶת הַזֶּרַע. לֹא שְׁמַרְתֶּם וְלֹא קְצַרְתֶּם אֶת הַשִּׁבֳּלִים. לֹא עֲשִׂיתֶם אֶת הַלֶּחֶם. רַק אֲנִי זָרַעְתִּי אֶת הַזֶּרַע וְרַק אֲנִי שָׁמַרְתִּי וְקָצַרְתִּי אֶת הַשִּׁבֳּלִים וְעָשִׂיתִי אֶת הַלֶּחֶם. אֲנִי וְרַק אֲנִי אֹכַל אֶת הַלֶּחֶם הַזֶּה!" וְהִיא אָכְלָה אֶת כָּל הַלֶּחֶם.

7. Translate the following phrases from the prayerbook.

1. כֻּלָּם כְּאֶחָד . . . אוֹמְרִים . . . קָדוֹשׁ, קָדוֹשׁ, קָדוֹשׁ
יְיָ צְבָאוֹת . . . כָל הָאָרֶץ כְּבוֹדוֹ
2. עַל אֲבוֹתֵינוּ, וְעָלֵינוּ, עַל בָּנֵינוּ וְעַל
דּוֹרוֹתֵינוּ, וְעַל כָּל דּוֹרוֹת זֶרַע יִשְׂרָאֵל עֲבָדֶיךָ
3. מָגֵן . . . לִבְנֵיהֶם אַחֲרֵיהֶם בְּכָל דּוֹר וָדוֹר
4. תָּמִיד יִמְלוֹךְ עָלֵינוּ לְעוֹלָם וָעֶד
5. וְשָׁמְרוּ בְנֵי יִשְׂרָאֵל אֶת הַשַּׁבָּת . . . בְּרִית עוֹלָם
בֵּינִי וּבֵין בְּנֵי יִשְׂרָאֵל
6. הוּא יַעֲשֶׂה שָׁלוֹם עָלֵינוּ וְעַל כָּל יִשְׂרָאֵל
7. צוּר יִשְׂרָאֵל . . . גֹּאֲלֵנוּ יְיָ צְבָאוֹת שְׁמוֹ, קְדוֹשׁ
יִשְׂרָאֵל. בָּרוּךְ אַתָּה, יְיָ, גָּאַל יִשְׂרָאֵל
8. אֵין כָּמוֹךָ בָאֱלֹהִים, אֲדֹנָי, וְאֵין כְּמַעֲשֶׂיךָ,
מַלְכוּתְךָ מַלְכוּת כָּל עֹלָמִים . . . בְּכָל דֹּר וָדֹר
יְיָ מֶלֶךְ, יְיָ מָלָךְ, יְיָ יִמְלֹךְ לְעוֹלָם וָעֶד
יְיָ עֹז לְעַמּוֹ . . .
9. יִזְכּוֹר אֱלֹהִים נִשְׁמַת אָבִי . . . שֶׁהָלַךְ לְעוֹלָמוֹ
10. יִזְכּוֹר אֱלֹהִים נִשְׁמַת אִמִּי . . . שֶׁהָלְכָה לְעוֹלָמָהּ
11. לְמַעַן תִּזְכְּרוּ . . . אֶת כָּל מִצְוֹתָי וִהְיִיתֶם
קְדֹשִׁים לֵאלֹהֵיכֶם
12. וְהַכֹּל יֹאמְרוּ אֵין קָדוֹשׁ כַּייָ
13. מִי הוּא זֶה מֶלֶךְ הַכָּבוֹד? יְיָ צְבָאוֹת , הוּא
מֶלֶךְ הַכָּבוֹד
14. מִכָּל מְלַאכְתּוֹ אֲשֶׁר בָּרָא אֱלֹהִים

The translations for these can be found on pages 249–253.

Guided Reading

The guided reading for this chapter is <u>Adon Olam</u>.

Adon Olam

1. The Lord of the universe, who reigned	אֲדוֹן עוֹלָם אֲשֶׁר מָלַךְ
2. before every creature was created.	before בְּטֶרֶם creature יְצִיר was created נִבְרָא בְּטֶרֶם כָּל יְצִיר נִבְרָא.
3. At the time (when) everything was made by his desire,	at the time לְעֵת was made נַעֲשָׂה his desire חֶפְצוֹ לְעֵת נַעֲשָׂה בְחֶפְצוֹ כֹּל
4. then his name was called "king".	then אֲזַי was called נִקְרָא אֲזַי מֶלֶךְ שְׁמוֹ נִקְרָא.
5. And after the ending of everything	ending כִּכְלוֹת וְאַחֲרֵי כִּכְלוֹת הַכֹּל

6. he (who is) awesome will rule alone.	alone	לְבַדּוֹ
	awesome	נוֹרָא
	לְבַדּוֹ יִמְלוֹךְ נוֹרָא.	

7. And he was, and he is, and he will be, in glory.	(he) is	הֹוֶה
	he will be	יִהְיֶה
	וְהוּא הָיָה וְהוּא הֹוֶה וְהוּא יִהְיֶה בְּתִפְאָרָה.	

8. And he is one, and there is no second to compare to him, to put beside (him).	second	שֵׁנִי
	to compare	לְהַמְשִׁיל
	to put beside	לְהַחְבִּירָה
	וְהוּא אֶחָד וְאֵין שֵׁנִי לְהַמְשִׁיל לוֹ לְהַחְבִּירָה.	

9. Without beginning, without end,	without	בְּלִי
	beginning	רֵאשִׁית
	end	תַּכְלִית
	בְּלִי רֵאשִׁית בְּלִי תַכְלִית	

10. and he has the power and the dominion.	dominion	מִשְׂרָה
	וְלוֹ הָעֹז וְהַמִּשְׂרָה.	

11. And he is my God, and my living redeemer,	living	חַי
	וְהוּא אֵלִי וְחַי גֹּאֲלִי	

12. and the rock (refuge) of my pain in time of trouble.	my pain	חֶבְלִי
	trouble	צָרָה
	וְצוּר חֶבְלִי בְּעֵת צָרָה.	

13. And he is my flag and a refuge for me,	my flag	נִסִּי
	refuge	מָנוֹס
	וְהוּא נִסִּי וּמָנוֹס לִי	

14. the portion of my cup in the day (when) I will call.	portion	מְנָת
	cup	כּוֹס
	I will call	אֶקְרָא
	מְנָת כּוֹסִי בְּיוֹם אֶקְרָא.	

15. In his hand I will entrust my spirit	I will entrust	אַפְקִיד
	my spirit	רוּחִי
	בְּיָדוֹ אַפְקִיד רוּחִי	

16. in the time (when) I will sleep and (when) I will awake.	I will sleep	אִישַׁן
	I will awake	אָעִירָה
	בְּעֵת אִישַׁן וְאָעִירָה.	

17. (While) my body is with my soul	with	עִם
	body	גְּוִיָּה
	וְעִם רוּחִי גְּוִיָּתִי	

18. the Lord is for me, and I will not fear.	I will fear אִירָא יְיָ לִי וְלֹא אִירָא.

Here is the entire Adon Olam in Hebrew.

אֲדוֹן עוֹלָם אֲשֶׁר מָלַךְ
בְּטֶרֶם כָּל יְצִיר נִבְרָא.
לְעֵת נַעֲשָׂה בְחֶפְצוֹ כֹּל
אֲזַי מֶלֶךְ שְׁמוֹ נִקְרָא.
וְאַחֲרֵי כִּכְלוֹת הַכֹּל
לְבַדּוֹ יִמְלוֹךְ נוֹרָא.
וְהוּא הָיָה וְהוּא הֹוֶה
וְהוּא יִהְיֶה בְּתִפְאָרָה.
וְהוּא אֶחָד וְאֵין שֵׁנִי
לְהַמְשִׁיל לוֹ לְהַחְבִּירָה.
בְּלִי רֵאשִׁית בְּלִי תַכְלִית
וְלוֹ הָעֹז וְהַמִּשְׂרָה.
וְהוּא אֵלִי וְחַי גֹּאֲלִי
וְצוּר חֶבְלִי בְּעֵת צָרָה.
וְהוּא נִסִּי וּמָנוֹס לִי
מְנָת כּוֹסִי בְּיוֹם אֶקְרָא.
בְּיָדוֹ אַפְקִיד רוּחִי
בְּעֵת אִישַׁן וְאָעִירָה.
וְעִם רוּחִי גְּוִיָּתִי
יְיָ לִי וְלֹא אִירָא.

Chapter 19

The Reversing ו

Oral Review Exercise

Read and translate the following sentences orally.

1. כָּל אִישׁ יִזְכֹּר אֶת נִשְׁמַת אָבִיו.
אֶזְכֹּר אֶת נִשְׁמַת אִמִּי.
הַבָּנִים יִזְכְּרוּ אֶת נִשְׁמוֹת אֲבוֹתֵיהֶם.
הָעָם יִזְכֹּר אֶת נִשְׁמוֹת בָּנָיו.

2. אַחַר מְלַאכְתּוֹ, מֹשֶׁה יִשְׁמַע אֶת קוֹל עַמּוֹ.
לִפְנֵי מְלַאכְתּוֹ, מֹשֶׁה לֹא שָׁמַע אֶת קוֹל עַמּוֹ.
אַחַר מְלַאכְתּוֹ, מֹשֶׁה יִשְׁמֹר אֶת בֵּיתוֹ.
אַחַר מְלַאכְתּוֹ, מֹשֶׁה יֹאמַר אֶת תְּפִלָּתוֹ.

3. הֵם אָמְרוּ לָנוּ: "תִּמְצְאוּ אֶת הַצּוּר עַל הַדֶּרֶךְ."
נִכְתֹּב בַּצּוּר אֶת הַדְּבָרִים הָאֵלֶּה: "זֶה הַדֶּרֶךְ אֶל יִשְׂרָאֵל."
נִזְכֹּר עַד עוֹלָם אֶת הַצּוּר וְאֶת הַדְּבָרִים הָאֵלֶּה.
נִשְׁמֹר אֶת הַצּוּר לְמַעַן הָאֲנָשִׁים שֶׁהוֹלְכִים לְיִשְׂרָאֵל.

4. נִבְחַר בְּאִישׁ גִּבּוֹר וְהוּא יִשְׁמֹר אֶת בָּנֵינוּ בְּעֻזּוֹ.
אֶבְחַר בַּעֲבָדִים הַגִּבּוֹרִים אֲשֶׁר יִשְׁמְרוּ אֶת בֵּיתֵנוּ בְּעֻזָּם.
יִבְחֲרוּ בָּנוּ מֵהַצְּבָאוֹת כִּי לָנוּ עֹז.
תִּבְחַר בּוֹ כִּי הוּא יִזְכֹּר אֶת מְלַאכְתּוֹ בְּכָל עֵת.

Vocabulary

sign *m* or *f* .... אוֹת, אוֹתוֹת

morning *m* .... בֹּקֶר, בְּקָרִים

sin *m* .... חֵטְא, חֲטָאִים

sin .... ח.ט.א

awe, fear *f* .... יִרְאָה

forgive ....(יִסְלַח) ס.ל.ח

help .... ע.ז.ר

help *f* .... עֶזְרָה

evening *m* .... עֶרֶב, עֲרָבִים

cease working, rest ...(יִשְׁבֹּת) שׁ.ב.ת

- The verbs ס.ל.ח and ע.ז.ר are usually followed by the preposition לְ־.

He forgave us and helped us. הוּא סָלַח לָנוּ וְעָזַר לָנוּ.

- The pattern of the future tense of regular verbs is shown in parentheses after the verb root. Verbs that are irregular in the future tense (such as ח.ט.א and ע.ז.ר) will not appear in this book in their future tense forms.

The Reversing ו

In Chapter 3 you learned that the letter ו can be attached to almost any word, and translated and.

Sarah and Leah שָׂרָה וְלֵאָה

The letter ו has another use in prayerbook Hebrew. When ו is attached to a verb form in the past or future tense, it can reverse the tense of the verb. We will call this the <u>reversing ו</u>.

When the reversing ו is attached to a verb in the past tense, it changes the tense of the verb to the future. When the reversing ו is attached to a verb in the future tense, it changes the tense of the verb to the past.

Below are examples of Hebrew verbs in the past tense with a reversing ו attached, changing the tense to the future. Remember that Hebrew verbs in the future tense can be translated in more than one way.

they kept	שָׁמְרוּ
they will keep *or* may they keep	וְשָׁמְרוּ
he was	הָיָה
he will be *or* may he be	וְהָיָה

Below are examples of Hebrew verbs in the future tense with a reversing ו attached, changing the tense to the past.

they will hear	יִשְׁמְעוּ
they heard	וַיִּשְׁמְעוּ
he will say	יֹאמַר
he said	וַיֹּאמֶר

The reversing ו is used only with past and future tense verbs.

A ו attached to a verb form is not always a reversing ו. It may be a ו meaning and. וְהָיָה could be translated and he was or he will be. The correct translation is usually easy to determine from the other words in the sentence.

Below are examples of sentences containing verbs with the reversing ו. Notice that the reversing ו is sometimes translated as and, in addition to reversing the tense of the verb.

The servant heard the voice of the king.	וַיִּשְׁמַע הָעֶבֶד אֶת קוֹל הַמֶּלֶךְ.
These words shall be upon your heart.	וְהָיוּ הַדְּבָרִים הָאֵלֶּה עַל לְבַבְכֶם.
You shall remember the Sabbath and observe it.	וּזְכַרְתֶּם אֶת הַשַּׁבָּת וּשְׁמַרְתֶּם אוֹתָהּ.
We sinned and he forgave us.	אֲנַחְנוּ חָטָאנוּ וַיִּסְלַח לָנוּ.
The prophet will love the commandments, and will do them.	וְאָהַב הַנָּבִיא אֶת הַמִּצְוֹת וְעָשָׂה אוֹתָן.
Moses said to the children of Israel: “May you choose life!”	וַיֹּאמֶר מֹשֶׁה אֶל בְּנֵי יִשְׂרָאֵל: "תִּבְחֲרוּ בַּחַיִּים!"
You will be holy all the time, day and night.	וִהְיִיתֶם קְדוֹשִׁים בְּכָל עֵת, יוֹם וָלַיְלָה.
You will write them on your gates.	וְכָתַבְתָּ אוֹתָם בִּשְׁעָרֶיךָ.

The Verb ה.י.ה in the Future Tense

The verb ה.י.ה has unusual forms in the future tense.
Listed below are the future tense forms of ה.י.ה.

I will be .... אֶהְיֶה

you will be *m sg* ...... תִּהְיֶה

you will be *f sg* .... תִּהְיִי

he, it will be .... יִהְיֶה

she, it will be .... תִּהְיֶה

we will be .... נִהְיֶה

you will be *m pl* ...... תִּהְיוּ

you will be *f pl* .... תִּהְיֶינָה

they will be *m* .... יִהְיוּ

they will be *f* .... תִּהְיֶינָה

The forms that are most commonly used in the prayerbook are
יִהְיֶה and יִהְיוּ. These are the only forms that will be used in
the exercises in this book.

The Form וַיְהִי

The word יִהְיֶה, which means he will be or it will be, has
a special form when the reversing ו is attached: וַיְהִי. The form
וַיְהִי means it was or he was. It is sometimes translated and
it came to pass.

Exercises

1. Translate the following verb forms. Each ו is a reversing ו.

1. עָשָׂה — וְעָשָׂה
2. חָטָאתִי — וְחָטָאתִי
3. יִשְׁבֹּת — וַיִּשְׁבֹּת
4. שָׁמְרוּ — וְשָׁמְרוּ
5. יִהְיֶה — וַיְהִי
6. עָזַרְנוּ — וְעָזַרְנוּ
7. נִשְׁבֹּת — וְשָׁבַתְנוּ
8. בָּחֲרוּ — וַיִּבְחֲרוּ
9. אָמַר — וַיֹּאמֶר
10. גָּאַלְנוּ — וַנִּגְאַל
11. נִסְלַח — וְסָלַחְנוּ
12. יִהְיֶה — וְהָיָה
13. מָלַךְ — וַיִּמְלֹךְ
14. חָטְאוּ — וְחָטְאוּ
15. וַיִּזְכֹּר — וְזָכַר
16. וָאֶשְׁמַע — וְשָׁמַעְתִּי
17. וְהָיוּ — וַיִּהְיוּ
18. וְשָׁבַתְנוּ — וַנִּשְׁבֹּת

2. Translate the following sentences into English. Notice the reversing ו where it appears.

1. הָאִישׁ הָיָה טוֹב.
הָאִישׁ יִהְיֶה טוֹב.
וְהָיָה הָאִישׁ טוֹב.
וַיְהִי הָאִישׁ טוֹב.

2. הָאָבוֹת סָלְחוּ לִבְנֵיהֶם.
וְסָלְחוּ הָאָבוֹת לִבְנֵיהֶם.
הָאָבוֹת יִסְלְחוּ לִבְנֵיהֶם.
וַיִּסְלְחוּ הָאָבוֹת לִבְנֵיהֶם.

3. חָטָאנוּ אֶת הַחֵטְא הַגָּדוֹל הַזֶּה.
וְחָטָאנוּ אֶת הַחֵטְא הַגָּדוֹל הַזֶּה.
יִהְיֶה בָּנוּ חֵטְא, וְאַתֶּם תִּסְלְחוּ לָנוּ.
וַיְהִי בָּנוּ חֵטְא, וְאַתֶּם סְלַחְתֶּם לָנוּ.

4. בַּבֹּקֶר הַנְּבִיאִים עָזְרוּ לָכֶם, וּבָעֶרֶב שָׁבְתוּ.
וְעָזְרוּ הַנְּבִיאִים לָכֶם בַּבֹּקֶר, וּבָעֶרֶב יִשְׁבְּתוּ.
שְׁמַעְתֶּם כִּי הָיְתָה עֶזְרָה לָכֶם בָּעִיר.
וַתִּשְׁמְעוּ כִּי הָיְתָה עֶזְרָה לָכֶם בָּעִיר.

3. Match the following Hebrew verb forms with the English translations below.

עָזְרוּ	אֶסְלַח	חָטָאנוּ
הֵם אֹמְרִים	אָהַבְתִּי	תִּשְׁבֹּת
תִּשְׁמְרִי	הֲלַכְתֶּם	תִּסְלַח
שָׁבַת	נִשְׁמֹר	חָטָא
שָׁמַעְתָּ	הוּא עוֹזֵר	יִזְכֹּר
נִסְלַח	הוּא נוֹתֵן	חָטְאוּ
יִשְׁבֹּת	בָּטְחָה	יַעֲשׂוּ
הוּא סוֹלֵחַ	הֵם יוֹשְׁבִים	מָלַכְנוּ
הוּא גּוֹאֵל	מָצָאנוּ	יִהְיוּ
יִמְלֹךְ	הוּא זוֹכֵר	חָטָאתִי

1. he will remember
2. you will forgive
3. we sinned
4. I will forgive
5. he will rule
6. I sinned
7. they are sitting
8. we will forgive
9. they helped
10. you will guard
11. he is giving
12. he rested
13. they are saying
14. we will guard
15. we ruled
16. he will rest
17. they will make
18. she trusted
19. he is helping
20. you heard
21. they sinned
22. you will rest
23. I loved
24. you went
25. he sinned
26. he is forgiving
27. they will be
28. we found
29. he is remembering
30. he is redeeming

4. Fill in the blanks with the past and future forms of the root shown at the beginning of the sentence. Translate.

1. (ס.ל.ח) בַּבֹּקֶר הַנָּבִיא ______ לְכָל הָרְשָׁעִים.
2. (ז.כ.ר) זֶה הָאוֹת וַאֲנַחְנוּ ______ אֹתוֹ בְּיִרְאָה.
3. (שׁ.ב.ת) מֹשֶׁה ______ תָּמִיד בָּעֶרֶב אַחַר מְלַאכְתּוֹ.
4. (ה.י.ה) בַּבֹּקֶר יַעֲקֹב ______ בַּדֶּרֶךְ וּבָעֶרֶב הוּא
______ בְּבֵיתוֹ בְּעִיר יְרוּשָׁלַיִם.
5. (שׁ.מ.ע) בְּכָל עֶרֶב אֲנִי ______ אֶת קוֹלֵךְ בְּשִׂמְחָה.
6. (ע.שׂ.ה) הָאֲנָשִׁים לֹא ______ מַעֲשִׂים טוֹבִים בְּכָל עֵת.
7. (כ.ת.ב) שָׂרָה ______ סְפָרִים רַבִּים לְעֶזְרַת בָּנֶיהָ.
8. (ב.ט.ח) אֲנִי ______ בְּעֹז אָבִי וּבְרַחֲמָיו.
9. (ס.ל.ח) אַתֶּם ______ לִי עַל כָּל הַדְּבָרִים הָרָעִים
אֲשֶׁר כָּתַבְתִּי הַיּוֹם.

5. Translate the following sentences into English. Notice the use of the reversing ו.

1. וּשְׁמַרְתֶּם אֶת הַמִּצְוֹת בְּכָל לְבַבְכֶם, וְהָיְתָה לָכֶם
שִׂמְחָה בְּכָל יְמֵיכֶם.
2. וַיִּמְלֹךְ הַבֵּן בְּאֶרֶץ אֲבוֹתָיו, וּבְכָל עֹז הוּא נָתַן
עֶזְרָה לָעָם.
3. וְהָיָה הַצּוּר הַזֶּה לָכֶם לְאוֹת, וִידַעְתֶּם כִּי אֲנִי,
הַמֶּלֶךְ, עָזַרְתִּי לָכֶם בַּמָּקוֹם הַזֶּה.
4. וַיְהִי בְּיוֹם הַשַּׁבָּת, וַיִּשְׁבֹּת הָעֶבֶד מִמְּלַאכְתּוֹ.
5. הֵם חָטְאוּ לְבֶן הַמֶּלֶךְ, וַיַּעֲשׂוּ רַע לוֹ, וְיָשְׁבוּ
בְּיִרְאָה מֵאָבִיו מִבֹּקֶר וְעַד לַיְלָה.
6. וַיִּהְיוּ בָּאָרֶץ רְשָׁעִים, וְלֹא שָׁמְעוּ אֶת דִּבְרֵי הַתּוֹרָה,
וַיִּבְחֲרוּ בְּחַיִּים רָעִים.

6. Translate the following phrases from the prayerbook.

1. עַל חֵטְא שֶׁחָטָאנוּ לְפָנֶיךָ בְּעֵינַיִם
2. עַל חֵטְא שֶׁחָטָאנוּ לְפָנֶיךָ בְּיוֹדְעִים וּבְלֹא יוֹדְעִים
3. כִּי . . . סוֹלֵחַ אַתָּה
4. אָבִינוּ מַלְכֵּנוּ, חָטָאנוּ לְפָנֶיךָ
5. צוּר חַיֵּינוּ, מָגֵן . . . אַתָּה הוּא
6. וַיִּשְׁבֹּת . . . מִכָּל מְלַאכְתּוֹ אֲשֶׁר עָשָׂה
7. כִּי בוֹ שָׁבַת מִכָּל מְלַאכְתּוֹ אֲשֶׁר בָּרָא
8. וַיְהִי עֶרֶב וַיְהִי בֹקֶר
9. וְהוּא יִהְיֶה בְּתִפְאָרָה
10. כֻּלָּם כְּאֶחָד . . . אוֹמְרִים בְּיִרְאָה
11. עֶרֶב וָבֹקֶר, בְּכָל יוֹם תָּמִיד . . . בְּאַהֲבָה "שְׁמַע" אוֹמְרִים
12. וְיָדַעְתָּ הַיּוֹם . . . כִּי יְיָ הוּא הָאֱלֹהִים בַּשָּׁמַיִם . . . וְעַל הָאָרֶץ
13. וְשָׁמְרוּ בְנֵי יִשְׂרָאֵל אֶת הַשַּׁבָּת
14. בֵּינִי וּבֵין בְּנֵי יִשְׂרָאֵל אוֹת הִיא לְעוֹלָם, כִּי . . . עָשָׂה יְיָ אֶת הַשָּׁמַיִם וְאֶת הָאָרֶץ, וּ . . . שָׁבַת
15. מֶלֶךְ עוֹזֵר . . . וּמָגֵן. בָּרוּךְ אַתָּה, יְיָ, מָגֵן אַבְרָהָם אַתָּה גִּבּוֹר לְעוֹלָם, אֲדוֹנָי
16. וְעָשִׂיתָ כָּל מְלַאכְתֶּךָ
17. יִמְלֹךְ יְיָ לְעוֹלָם, אֱלֹהַיִךְ צִיּוֹן לְדֹר וָדֹר
18. וְהָיָה . . . תִּשְׁמְעוּ אֶל מִצְוֹתַי
19. וּזְכַרְתֶּם אֶת כָּל מִצְוֹת יְיָ . . . לְמַעַן תִּזְכְּרוּ . . . אֶת כָּל מִצְוֹתָי, וִהְיִיתֶם קְדוֹשִׁים לֵאלֹהֵיכֶם

The translations of these can be found on pages 249–253.

Guided Reading

The guided reading for this chapter is taken from the Kiddush, which is recited before the Friday night meal.

The Friday Night Kiddush

1. There was evening and there was morning, the sixth day.	sixth שִׁשִּׁי וַיְהִי עֶרֶב וַיְהִי בֹקֶר יוֹם הַשִּׁשִּׁי.
2. The heavens and the earth were finished, and all their host.	they will be finished יְכֻלּוּ they were finished וַיְכֻלּוּ וַיְכֻלּוּ הַשָּׁמַיִם וְהָאָרֶץ וְכָל צְבָאָם.
3. On the seventh day God finished his work which he made,	he will finish יְכַל seventh שְׁבִיעִי וַיְכַל אֱלֹהִים בַּיּוֹם הַשְּׁבִיעִי מְלַאכְתּוֹ אֲשֶׁר עָשָׂה,
4. and he rested on the seventh day from all his work which he made.	וַיִּשְׁבֹּת בַּיּוֹם הַשְּׁבִיעִי מִכָּל מְלַאכְתּוֹ אֲשֶׁר עָשָׂה.

5. God blessed the seventh day, and sanctified it, because on it he rested from all his work which God had created, to make (it).

he will bless	יְבָרֵךְ
he will sanctify	יְקַדֵּשׁ
to make	לַעֲשׂוֹת

וַיְבָרֶךְ אֱלֹהִים אֶת יוֹם הַשְּׁבִיעִי וַיְקַדֵּשׁ אֹתוֹ, כִּי בוֹ שָׁבַת מִכָּל מְלַאכְתּוֹ אֲשֶׁר בָּרָא אֱלֹהִים לַעֲשׂוֹת.

6. Blessed are you, Lord our God, king of the universe, who creates the fruit of the vine.

fruit	פְּרִי
vine	גֶּפֶן

בָּרוּךְ אַתָּה, יְיָ אֱלֹהֵינוּ, מֶלֶךְ הָעוֹלָם, בּוֹרֵא פְּרִי הַגָּפֶן.

7. Blessed are you, Lord our God, king of the universe, who sanctified us with his commandments, and was pleased with us,

he sanctified us	קִדְּשָׁנוּ
he was pleased	רָצָה

בָּרוּךְ אַתָּה, יְיָ אֱלֹהֵינוּ, מֶלֶךְ הָעוֹלָם, אֲשֶׁר קִדְּשָׁנוּ בְּמִצְוֹתָיו וְרָצָה בָנוּ,

8. and the Sabbath of his holiness, with love and with favor, he gave us as an inheritance, a memorial to the act of creation.

he gave us as an inheritance	הִנְחִילָנוּ

וְשַׁבַּת קָדְשׁוֹ בְּאַהֲבָה וּבְרָצוֹן הִנְחִילָנוּ, זִכָּרוֹן לְמַעֲשֵׂה בְרֵאשִׁית.

9. For it is the day (that is) the beginning for the assemblies of holiness (festivals), a remembrance for the exodus from Egypt.

beginning, first	תְּחִלָּה
assemblies	מִקְרָאִים

כִּי הוּא יוֹם תְּחִלָּה לְמִקְרָאֵי קֹדֶשׁ, זֵכֶר לִיצִיאַת מִצְרָיִם.

10. For you chose us, and sanctified us from (more than) all the nations,	you sanctified קִדַּשְׁתָּ כִּי בָנוּ בָחַרְתָּ וְאוֹתָנוּ קִדַּשְׁתָּ מִכָּל הָעַמִּים,
11. and the Sabbath of your holiness, with love and with favor, you have given us as an inheritance.	you have given us as an inheritance הִנְחַלְתָּנוּ וְשַׁבַּת קָדְשְׁךָ בְּאַהֲבָה וּבְרָצוֹן הִנְחַלְתָּנוּ.
12. Blessed are you, Lord, who sanctifies the Sabbath.	who sanctifies מְקַדֵּשׁ בָּרוּךְ אַתָּה, יְיָ, מְקַדֵּשׁ הַשַּׁבָּת.

Here is the entire <u>Kiddush</u> in Hebrew.

וַיְהִי עֶרֶב וַיְהִי בֹקֶר
יוֹם הַשִּׁשִּׁי. וַיְכֻלּוּ הַשָּׁמַיִם וְהָאָרֶץ וְכָל צְבָאָם. וַיְכַל
אֱלֹהִים בַּיּוֹם הַשְּׁבִיעִי מְלַאכְתּוֹ אֲשֶׁר עָשָׂה, וַיִּשְׁבֹּת
בַּיּוֹם הַשְּׁבִיעִי מִכָּל מְלַאכְתּוֹ אֲשֶׁר עָשָׂה. וַיְבָרֶךְ
אֱלֹהִים אֶת יוֹם הַשְּׁבִיעִי וַיְקַדֵּשׁ אֹתוֹ, כִּי בוֹ שָׁבַת
מִכָּל מְלַאכְתּוֹ אֲשֶׁר בָּרָא אֱלֹהִים לַעֲשׂוֹת.

בָּרוּךְ אַתָּה, יְיָ אֱלֹהֵינוּ, מֶלֶךְ הָעוֹלָם, בּוֹרֵא פְּרִי הַגָּפֶן.
בָּרוּךְ אַתָּה, יְיָ אֱלֹהֵינוּ, מֶלֶךְ הָעוֹלָם, אֲשֶׁר קִדְּשָׁנוּ
בְּמִצְוֹתָיו וְרָצָה בָנוּ, וְשַׁבַּת קָדְשׁוֹ בְּאַהֲבָה וּבְרָצוֹן
הִנְחִילָנוּ, זִכָּרוֹן לְמַעֲשֵׂה בְרֵאשִׁית. כִּי הוּא יוֹם תְּחִלָּה
לְמִקְרָאֵי קֹדֶשׁ, זֵכֶר לִיצִיאַת מִצְרָיִם. כִּי בָנוּ
בָחַרְתָּ וְאוֹתָנוּ קִדַּשְׁתָּ מִכָּל הָעַמִּים, וְשַׁבַּת קָדְשְׁךָ
בְּאַהֲבָה וּבְרָצוֹן הִנְחַלְתָּנוּ. בָּרוּךְ אַתָּה, יְיָ,
מְקַדֵּשׁ הַשַּׁבָּת.

Chapter 20

Commands

Oral Review Exercise

Read and translate the following sentences orally.

1. מָצָאתִי אֶת הַזֶּרַע עַל הָאֲדָמָה.
אֶמְצָא אֶת הַזֶּרַע עַל הָאֲדָמָה.
וָאֶמְצָא אֶת הַזֶּרַע עַל הָאֲדָמָה.
וּמָצָאתִי אֶת הַזֶּרַע עַל הָאֲדָמָה.

2. סָלַחְתָּ לָנוּ עַל חֵטְא שֶׁחָטָאנוּ.
וְסָלַחְתָּ לָנוּ עַל חֵטְא שֶׁחָטָאנוּ.
תִּסְלַח לָנוּ עַל חֵטְא שֶׁחָטָאנוּ.
וַתִּסְלַח לָנוּ עַל חֵטְא שֶׁחָטָאנוּ.

3. הָיָה הַצּוּר בַּדֶּרֶךְ אֶל יִשְׂרָאֵל כְּאוֹת לָאֲנָשִׁים.
וְהָיָה הַצּוּר בַּדֶּרֶךְ אֶל יִשְׂרָאֵל כְּאוֹת לָאֲנָשִׁים.
יִהְיֶה הַצּוּר בַּדֶּרֶךְ אֶל יִשְׂרָאֵל כְּאוֹת לָאֲנָשִׁים.
וַיְהִי הַצּוּר בַּדֶּרֶךְ אֶל יִשְׂרָאֵל כְּאוֹת לָאֲנָשִׁים.

4. כָּתַב מֹשֶׁה בַּסֵּפֶר בַּבֹּקֶר, וְשָׁבַת בָּעֶרֶב.
כָּתַב מֹשֶׁה בַּסֵּפֶר בַּבֹּקֶר, וּבָעֶרֶב יִשְׁבֹּת.
וַיִּכְתֹּב מֹשֶׁה בַּסֵּפֶר בַּבֹּקֶר, וַיִּשְׁבֹּת בָּעֶרֶב.
וְכָתַב מֹשֶׁה בַּסֵּפֶר בַּבֹּקֶר, וְשָׁבַת בָּעֶרֶב.

218

Vocabulary

bow, bend the knee .... (יִכְרַע) כ.ר.ע

speedily, quickly .... מְהֵרָה, בִּמְהֵרָה

doorpost *f* .... מְזוּזָה, מְזֻזוֹת

pardon, forgive ....(יִמְחַל) מ.ח.ל

faithful .... נֶאֱמָן, נֶאֱמָנִים

awesome .... נוֹרָא

with .... עִם

rejoice, be happy ...... (יִשְׂמַח) שׂ.מ.ח

- The preposition עִם, like other Hebrew prepositions, can have endings attached. Below are some examples.

with us .... עִמָּנוּ with me .... עִמִּי

- The verb מ.ח.ל, like the verb ס.ל.ח, is always followed by the preposition לְ־.

Commands

Each English verb has one command form, which is used when addressing a male or a female, an individual or a group.

John, go to the store!

Mary, go to the store!

Gentlemen, go to the store!

Ladies, go to the store!

In Hebrew, each verb has four command forms: *m sg* and *f sg*, and *m pl* and *f pl*. The correct form depends on the person or persons addressed. The *f pl* command form is very rarely used.

Hebrew commands are formed by dropping the letter **ת** from the beginning of the four you forms of the future tense. The vowels of some forms change.

COMMANDS	FUTURE TENSE
שְׁמֹר **guard!** *m sg*	**ת**ִּשְׁמֹר **you will guard** *m sg*
שִׁמְר**י**ִ **guard!** *f sg*	**ת**ִּשְׁמְרִ**י** **you will guard** *f sg*
שִׁמְר**וּ** **guard!** *m pl*	**ת**ִּשְׁמְר**וּ** **you will guard** *m pl*
שְׁמֹרְ**נָה** **guard!** *f pl*	**ת**ִּשְׁמֹרְ**נָה** **you will guard** *f pl*

In Chapter 18 you learned two patterns for verbs in the future tense.

I will guard אֶשְׁמֹר

I will hear אֶשְׁמַע

The command forms of a verb follow the same pattern as the future tense of that verb. The command forms of the verb ש.מ.ע are shown below.

hear! *m sg* .... שְׁמַע

hear! *f sg* .... שִׁמְעִי

hear! *m pl* .... שִׁמְעוּ

Below are examples of command forms used in sentences. Notice that different forms are used when addressing males and females, individuals and groups.

Write to your mother! *m sg*	כְּתֹב לְאִמְּךָ!
Write to your mother! *f sg*	כִּתְבִי לְאִמֵּךְ!
Write to your mother! *m pl*	כִּתְבוּ לְאִמְּכֶם!
Remember your way! *f sg*	זִכְרִי אֶת דַּרְכֵּךְ!
Guard your houses! *m pl*	שִׁמְרוּ אֶת בָּתֵּיכֶם!
Trust your son! *m sg*	בְּטַח בִּבְנְךָ!
Forgive your servant! *m sg*	סְלַח לְעַבְדְּךָ!
Hear the voice of your king! *m sg*	שְׁמַע אֶת קוֹל מַלְכְּךָ!

Commands with Endings Attached

In Chapter 15, you learned that endings may be attached directly to verbs, in place of אֵת with endings.

You wrote them.	כָּתַבְתָּ אוֹתָם.
You wrote them.	כְּתַבְתָּם.
He made us.	הוּא עָשָׂה אוֹתָנוּ.
He made us.	הוּא עָשָׂנוּ.

These endings may also be attached to the command forms of verbs. When an ending is attached to a command form, the vowels of the command form usually change. We will not use these forms in the exercises in this book, but you will see them frequently in your prayerbook. Below are shown some of the most important examples of command forms with endings.

Remember us!	זְכֹר אוֹתָנוּ!
Remember us!	זָכְרֵנוּ!
Write us!	כְּתֹב אוֹתָנוּ!
Write us!	כָּתְבֵנוּ!
Redeem us!	גְּאַל אוֹתָנוּ!
Redeem us!	גְּאָלֵנוּ!

The command forms of some verbs that you know are unusual, and will not be used in the exercises in this book. The unusual forms listed below are important in the prayerbook, and will be used in the exercises.

do! *m sg* !עֲשֵׂה   know! *m sg* !דַּע

Exercises

1. Translate the following command forms into English. Indicate whether they are masculine singular, feminine singular, or masculine plural.

1. שְׁמַע
2. שִׁמְעִי
3. שִׁמְעוּ
4. מְלֹךְ
5. מִלְכִי
6. מִלְכוּ
7. כִּתְבוּ
8. דַּע
9. סְלַח
10. מְחַל
11. מַחֲלִי
12. שִׁמְרוּ
13. שִׁבְתִּי
14. אִמְרוּ
15. כְּתֹב
16. עֲשֵׂה
17. זְכֹר
18. סִלְחוּ

2. Translate the following verb forms into English.

1. אַתָּה מוֹלֵךְ, מָלַכְתָּ, תִּמְלֹךְ, מְלֹךְ
2. אַתְּ סוֹלַחַת, סָלַחְתְּ, תִּסְלְחִי, סִלְחִי
3. אַתֶּם שׁוֹמְרִים, שְׁמַרְתֶּם, תִּשְׁמְרוּ, שִׁמְרוּ
4. אַתָּה מוֹחֵל, מָחַלְתָּ, תִּמְחַל, מְחַל
5. אַתָּה בּוֹחֵר, בָּחַרְתָּ, תִּבְחַר, בְּחַר
6. אַתָּה שׁוֹמֵעַ, שָׁמַעְתָּ, תִּשְׁמַע, שְׁמַע

3. Translate the following sentences with command forms into English.

1. שְׁמֹר אֶת בִּנְךָ, וְהוּא יִהְיֶה נֶאֱמָן.
שִׁמְרִי אֶת בָּנַיִךְ, וְהֵם יִהְיוּ נֶאֱמָנִים.
שִׁמְרוּ אֶת בְּנֵיכֶם, וְהֵם יִהְיוּ נֶאֱמָנִים.
2. עֲשֵׂה מְהֵרָה אֶת רְצוֹן הַמֶּלֶךְ.
עֲשֵׂה אֶת רְצוֹן הַמֶּלֶךְ, וּשְׁמַע בְּקוֹלוֹ.
עֲשֵׂה אֶת רְצוֹן הַמֶּלֶךְ, וּזְכֹר כִּי אַתָּה עַבְדּוֹ.
3. כְּרַע לִפְנֵי אָבִיךָ כִּי חָטָאתָ לוֹ.
כִּרְעוּ לִפְנֵי אֲדוֹנְכֶם כִּי הוּא נוֹרָא.
מְחַל לָנוּ, כִּי אָנוּ לֹא כָּרַעְנוּ לְךָ.
4. שְׁבֹת מִמְּלַאכְתְּךָ, וּשְׂמַח עִמָּנוּ.
שִׁבְתִי מִמְּלַאכְתֵּךְ, וְשִׂמְחִי עִמָּנוּ.
שִׁבְתוּ מִמְּלַאכְתְּכֶם, וְשִׂמְחוּ עִמָּנוּ.

4. Fill in the blanks with the correct command form of the verb shown. Translate.

1. *m pl* (כ.ת.ב) ___ אֶת הַדְּבָרִים הָאֵלֶּה עַל מְזֻזוֹת בָּתֵּיכֶם.
2. *m sg* (שׁ.מ.ע) ___ בְּקוֹלִי, כִּי אֲנִי מַלְכְּךָ וַאֲנִי נוֹרָא.
3. *m sg* (מ.ח.ל) סְלַח לִי וּ___ לִי מְהֵרָה.
4. *f sg* (ז.כ.ר) ___ כִּי אֲנִי נֶאֱמָן לָךְ.
5. *m sg* (שׂ.מ.ח) ___ בָּנוּ וְאַתָּה תִּמְצָא חֵן בְּעֵינֵינוּ.
6. *m sg* (י.ד.ע) ___ כִּי אָנוּ כּוֹרְעִים לְךָ.
7. *m pl* (א.מ.ר) ___ אֶת הַדְּבָרִים אֲשֶׁר אֲמַרְתֶּם בַּבֹּקֶר.
8. *f sg* (שׁ.מ.ר) ___ אֶת הַדֶּרֶךְ, וַאֲנִי אֶשְׁבֹּת מִמְּלַאכְתִּי.
9. *m sg* (ע.שׂ.ה) ___ מַעֲשִׂים טוֹבִים, וְכֻלָּנוּ נִשְׂמַח בְּךָ.

5. Match the Hebrew forms with the English translations below.

וַיְהִי	יִשְׁבֹּת	שָׂמְחוּ
יִהְיֶה	שִׁמְרוּ	הֵם עוֹזְרִים
יְדַעְתֶּם	נִזְכֹּר	נָתַן
הוּא עוֹשֶׂה	כִּתְבוּ	גְּאַל
יִשְׁמַע	הֵם כּוֹרְעִים	אָמַרְנוּ
הוּא הוֹלֵךְ	בָּחַרְתָּ	מְלֹךְ
אִמְרוּ	מְחַל	יִמְצָא
חָטָאנוּ	הֵם יוֹדְעִים	אָהַבְתָּ
נִבְטַח	הָיִינוּ	שְׁמַע
עֲשֵׂה	זְכֹר	תִּמְלֹךְ

1. you chose
2. Say!
3. he gave
4. we will remember
5. Make!
6. he will rest
7. you loved
8. he is walking
9. they are bowing
10. we will trust
11. they rejoiced
12. he will be
13. they are knowing
14. Guard!
15. Hear!
16. he is making
17. Pardon!
18. he will hear
19. we sinned
20. they are helping
21. Rule!
22. we were
23. Write!
24. you knew
25. Remember!
26. and it was
27. Redeem!
28. you will rule
29. he will find
30. we said

6. Rewrite the sentences below, replacing the underlined word with each word that follows. Make the necessary changes in the rest of the sentence. Read aloud and translate.

1. מְלֹךְ עָלֵינוּ וְאָנוּ נִכְרַע לְךָ.
   א. מִלְכִי ב. מִלְכוּ ג. תִּמְלֹךְ ד. הוּא יִמְלֹךְ
2. שִׂמְחוּ בָּאִישׁ הַנֶּאֱמָן אֲשֶׁר יוֹשֵׁב בִּמְקוֹמְכֶם.
   א. שְׂמַח ב. אֶשְׂמַח ג. שִׂמְחִי ד. שָׂמַחְתִּי
3. מְחַל לִי בִּמְהֵרָה וְיָשַׁבְתִּי עִם מִשְׁפַּחְתְּךָ בְּשִׂמְחָה.
   א. הֵם יִמְחֲלוּ ב. מַחֲלוּ ג. תִּמְחַל ד. הֵם מָחֲלוּ
4. הַמֶּלֶךְ נָתַן לָנוּ אוֹת, וַיֹּאמֶר: ”זִכְרוּ אֶת הָאוֹת
   הַזֶּה עַד עוֹלָם.“
   א. לִי ב. לְךָ ג. לָכֶם ד. לְזֶרַע אַבְרָהָם
5. וַיְהִי בִּימֵי הַנְּבִיאִים, וַיִּשְׁמַע הָאִישׁ קוֹל נוֹרָא
   מִן הַשָּׁמַיִם.
   א. צִבְאוֹת יִשְׂרָאֵל ב. אַתָּה ג. אָנוּ ד. שָׂרָה
6. אֶמְצָא חֵן בְּעֵינֶיךָ, וְעָזַרְתָּ לִי בְּכָל עֵת.
   א. בְּעֵינָיו ב. בְּעֵינֵיהֶם ג. בְּעֵינַיִךְ

7. Translate the following sentences into English.

1. אָמַר הָאִישׁ לְעַבְדּוֹ הַנֶּאֱמָן, ”כְּרַע מְהֵרָה, כִּי הוֹלֵךְ
   הַמֶּלֶךְ הַנּוֹרָא בַּדֶּרֶךְ עִם בִּתּוֹ.“
2. שִׂמְחוּ וְשִׁבְתוּ הַיּוֹם, כִּי הַלַּיְלָה נִשְׁמֹר אֶת הַצְּבָאוֹת.
3. בְּעֻזּוֹ הַגָּדוֹל, הוּא עָזַר לִבְנוֹ הַנֶּאֱמָן וְהֵם עָשׂוּ
   אֶת כָּל הַמְּלָאכָה.
4. מְחַל לָנוּ וּשְׂמַח עִמָּנוּ בַּשַּׁבָּת הַזֹּאת עִם מִשְׁפַּחְתֵּנוּ.

8. Translate the following phrases from the prayerbook.

1. אָבִינוּ מַלְכֵּנוּ שְׁמַע קוֹלֵנוּ
2. אָבִינוּ מַלְכֵּנוּ כָּתְבֵנוּ בְּסֵפֶר חַיִּים טוֹבִים
3. אָבִינוּ מַלְכֵּנוּ עֲשֵׂה עִמָּנוּ לְמַעַן שְׁמֶךָ
4. אָבִינוּ מַלְכֵּנוּ זָכְרֵנוּ בְּזִכָּרוֹן טוֹב לְפָנֶיךָ
5. אָבִינוּ מַלְכֵּנוּ עֲשֵׂה לְמַעַן רַחֲמֶיךָ הָרַבִּים
6. אָבִינוּ מַלְכֵּנוּ עֲשֵׂה לְמַעַן שִׁמְךָ הַגָּדוֹל הַגִּבּוֹר וְהַנּוֹרָא
7. אָבִינוּ מַלְכֵּנוּ . . .כִּי אֵין בָּנוּ מַעֲשִׂים עֲשֵׂה עִמָּנוּ צְדָקָה וָחֶסֶד
8. יִשְׂמְחוּ בְמַלְכוּתְךָ שׁוֹמְרֵי שַׁבָּת
9. זָכְרֵנוּ לְחַיִּים, . . .וְכָתְבֵנוּ בְּסֵפֶר הַחַיִּים, לְמַעַנְךָ אֱלֹהִים
10. אֵין כָּמוֹךָ בָאֱלֹהִים, יְיָ, וְאֵין כְּמַעֲשֶׂיךָ מַלְכוּתְךָ מַלְכוּת כָּל עוֹלָמִים
11. שֶׁלֹּא עָשָׂנוּ כְּגוֹיֵי הָאֲרָצוֹת
12. וַיִּזְכֹּר אֱלֹהִים אֶת בְּרִיתוֹ אֶת אַבְרָהָם אֶת יִצְחָק וְאֶת יַעֲקֹב
13. וּזְכָר לָנוּ, יְיָ אֱלֹהֵינוּ, אֶת הַבְּרִית וְאֶת הַחֶסֶד
14. וּכְתוֹב לְחַיִּים טוֹבִים כָּל בְּנֵי בְרִיתֶךָ
15. הוּא יַעֲשֶׂה שָׁלוֹם עָלֵינוּ וְעַל כָּל יִשְׂרָאֵל, וְאִמְרוּ אָמֵן
16. אֱלֹהֵינוּ וֵאלֹהֵי אֲבוֹתֵינוּ, אֱלֹהֵי אַבְרָהָם, אֱלֹהֵי יִצְחָק, וֵאלֹהֵי יַעֲקֹב, הָאֵל הַגָּדוֹל הַגִּבּוֹר וְהַנּוֹרָא
17. אֵל מֶלֶךְ נֶאֱמָן, שְׁמַע יִשְׂרָאֵל

The translations for these can be found on pages 249–253.

Guided Reading

The guided reading for this chapter is the Shema and the Veahavta.

The Shema and the Veahavta

1. Hear, Israel, the Lord is our God, the Lord is one.	שְׁמַע יִשְׂרָאֵל, יְיָ אֱלֹהֵינוּ, יְיָ אֶחָד.
2. Blessed is the name of the glory of his kingdom forever and ever.	בָּרוּךְ שֵׁם כְּבוֹד מַלְכוּתוֹ לְעוֹלָם וָעֶד.
3. You will love the Lord your God with all your heart and with all your soul and with all your might.	מְאֹדֶךָ your might וְאָהַבְתָּ אֵת יְיָ אֱלֹהֶיךָ בְּכָל לְבָבְךָ וּבְכָל נַפְשְׁךָ וּבְכָל מְאֹדֶךָ.
4. And these words, which I command you today, will be upon your heart.	אָנֹכִי — אֲנִי מְצַוְּךָ I command you וְהָיוּ הַדְּבָרִים הָאֵלֶּה, אֲשֶׁר אָנֹכִי מְצַוְּךָ הַיּוֹם, עַל לְבָבֶךָ.
5. You will teach them diligently to your children, and you will speak of them	וְשִׁנַּנְתָּם you will teach them diligently וְדִבַּרְתָּ בָּם you will speak of them וְשִׁנַּנְתָּם לְבָנֶיךָ וְדִבַּרְתָּ בָּם

6. when you sit down in your house, and when you walk on the road,	בְּשִׁבְתְּךָ when you sit down בְּלֶכְתְּךָ when you walk בְּשִׁבְתְּךָ בְּבֵיתֶךָ, וּבְלֶכְתְּךָ בַדֶּרֶךְ,
7. and when you lie down and when you rise up.	בְּשָׁכְבְּךָ when you lie down בְּקוּמֶךָ when you rise up וּבְשָׁכְבְּךָ וּבְקוּמֶךָ.
8. You will bind them for a sign on your hand, and they will be for frontlets between your eyes.	וּקְשַׁרְתָּם you will bind them טֹטָפֹת frontlets וּקְשַׁרְתָּם לְאוֹת עַל יָדֶךָ, וְהָיוּ לְטֹטָפֹת בֵּין עֵינֶיךָ.
9. You will write them on the door-posts of your house and on your gates.	וּכְתַבְתָּם you will write them וּכְתַבְתָּם עַל מְזֻזוֹת בֵּיתֶךָ וּבִשְׁעָרֶיךָ.

Here is the Shema and the Veahavta in Hebrew.

שְׁמַע יִשְׂרָאֵל, יְיָ אֱלֹהֵינוּ, יְיָ אֶחָד.
בָּרוּךְ שֵׁם כְּבוֹד מַלְכוּתוֹ לְעוֹלָם וָעֶד.
וְאָהַבְתָּ אֵת יְיָ אֱלֹהֶיךָ בְּכָל לְבָבְךָ וּבְכָל נַפְשְׁךָ וּבְכָל
מְאֹדֶךָ. וְהָיוּ הַדְּבָרִים הָאֵלֶּה, אֲשֶׁר אָנֹכִי מְצַוְּךָ הַיּוֹם,
עַל לְבָבֶךָ. וְשִׁנַּנְתָּם לְבָנֶיךָ, וְדִבַּרְתָּ בָּם בְּשִׁבְתְּךָ בְּבֵיתֶךָ,
וּבְלֶכְתְּךָ בַדֶּרֶךְ, וּבְשָׁכְבְּךָ וּבְקוּמֶךָ. וּקְשַׁרְתָּם לְאוֹת עַל
יָדֶךָ, וְהָיוּ לְטֹטָפֹת בֵּין עֵינֶיךָ. וּכְתַבְתָּם עַל מְזֻזוֹת
בֵּיתֶךָ וּבִשְׁעָרֶיךָ.

Chapter 21

The Infinitive

Oral Review Exercise

Read and translate the following sentences orally.

1. דַּע כִּי אֲנִי הַמֶּלֶךְ וְאַתָּה הָעֶבֶד.
דַּע כִּי אֲנַחְנוּ נֶאֱמָנִים לְמַלְכֵּנוּ.
דַּע כִּי דוֹרֵנוּ יִזְכֹּר אֶת יְצִיאַת מִצְרַיִם.
דַּע כִּי שָׂרָה עוֹשָׂה לֶחֶם כָּל הַיּוֹם.

2. שְׁמַע אֶת קוֹלִי וּבְטַח בִּי.
שְׁמַע אֶת קוֹלִי וּשְׁמֹר אֶת בֵּיתִי.
שְׁמַע אֶת קוֹלוֹ וּזְכֹר אֶת אִמְּךָ וְאָבִיךָ.
שְׁמַע אֶת קוֹלֵנוּ וּבְחַר בְּחַיִּים.

3. כְּתֹב אֶת כָּל הַדְּבָרִים אֲשֶׁר אַתָּה יוֹדֵעַ.
כְּתֹב אֶת דְּבַר הַתּוֹרָה עַל שַׁעֲרֵי הָעִיר.
כִּתְבִי אֶת הַדְּבָרִים הָאֵלֶּה לַמַּלְאָךְ.
כִּתְבוּ עַל מְזֻזוֹת בֵּיתְכֶם.

4. אֵין נָבִיא כְּמשֶׁה בְּעַם יִשְׂרָאֵל.
מָה הַבְּרָכוֹת אֲשֶׁר אָמְרָה לֵאָה בַּשַּׁבָּת?
לְאַבְרָהָם בֵּן, וּשְׁמוֹ יִצְחָק וְשֵׁם בֶּן יִצְחָק יַעֲקֹב.
בֶּאֱמֶת כְּבוֹד הַתּוֹרָה תִּפְאֶרֶת יִשְׂרָאֵל.
דָּוִד מָלַךְ עַל הָאָרֶץ בְּחֵן, בְּחֶסֶד, וּבְרַחֲמִים.

Vocabulary

nation, people *m*	גּוֹי, גּוֹיִם
new *adj*	חָדָשׁ, חֲדָשָׁה, חֲדָשִׁים, חֲדָשׁוֹת
trouble, distress *f*	צָרָה, צָרוֹת
head *m*	רֹאשׁ, רָאשִׁים
Rebecca	רִבְקָה
wind, spirit *f*	רוּחַ
Rachel	רָחֵל
year *f*	שָׁנָה, שָׁנִים

The Infinitive

The infinitive is a verb form that does not have any tense. It is not masculine or feminine, singular or plural.

In English, the infinitive is formed by adding the preposition to to a simple verb form.

to guard	to write
to rule	to be

English infinitives are used in sentences in many ways.

He sent them to guard the city.

He will come to rule over us.

We chose him to be our king.

You ought to go with us.

Hebrew infinitives have several different forms, and many different uses. In this book we will introduce you to the forms and uses that are most important in the prayerbook.

The Hebrew infinitive is most commonly formed by letters of a Hebrew verb root, with the pattern XẊX̩.

to guard	לִשְׁמֹר
to rule	לִמְלֹךְ
to remember	לִזְכֹּר

Unusual Forms

The infinitive forms of some verbs have an additional X̱ vowel under the final consonant.

to hear	לִשְׁמֹעַ
to forgive	לִסְלֹחַ
to trust	לִבְטֹחַ

The infinitive forms of some verbs have an additional ת, and lose one or more of their root letters. Below are listed the most important of these unusual infinitive forms.

to know	לָדַעַת	י.ד.ע
to give	לָתֵת	נ.ת.ן
to do	לַעֲשׂוֹת	ע.שׂ.ה

The Use of Infinitives

Hebrew infinitives are often used in sentences in a similar way to English infinitives. Below are some examples.

He chose us to guard the people.	הוּא בָּחַר בָּנוּ לִשְׁמֹר אֶת הָעָם.
I went to find my son.	הָלַכְתִּי לִמְצֹא אֶת בְּנִי.
It is good to remember your mother.	טוֹב לִזְכֹּר אֶת אִמֶּךָ.

Infinitives and the Preposition עַל

The preposition עַל can be used with the infinitive to express obligation. It is usually best translated <u>ought</u> or <u>must</u>.

It is upon me (I ought) to guard the house.	עָלַי לִשְׁמֹר אֶת הַבַּיִת.
It is upon us (we ought) to hear your words.	עָלֵינוּ לִשְׁמֹעַ אֶת דְּבָרֶיךָ.

Infinitives and the Verb נ.ת.ן

When the verb נ.ת.ן is followed by an infinitive, it is usually best translated <u>allow</u> or <u>enable</u>.

The king allowed us to guard his house.	הַמֶּלֶךְ נָתַן לָנוּ לִשְׁמֹר אֶת בֵּיתוֹ.

The Infinitive of א.מ.ר

The infinitive of the verb א.מ.ר is לֵאמֹר, and is usually best translated saying.

וַיֹּאמֶר מֹשֶׁה אֶל בְּנֵי יִשְׂרָאֵל לֵאמֹר . . . .

Moses said to the children of Israel, saying . . . .

Infinitives with Other Prepositions

In the prayerbook, infinitives usually have the preposition לְ־ attached. Sometimes, however, infinitives have the prepositions בְּ־ or כְּ־ attached. When these prepositions are attached to infinitives, they should be translated while or when.

בִּשְׁמֹר הָאִישׁ אֶת הַבַּיִת, הוּא זָכַר אֶת אָבִיו.

While the man guarded the house, he remembered his father.

בִּשְׁמֹעַ הַמֶּלֶךְ אֶת דִּבְרֵיהֶם, הוּא סָלַח לָהֶם.

When the king heard their words, he forgave them.

Often infinitives with בְּ־ or כְּ־ attached have endings attached to them. These endings are similar to the possessive endings attached to nouns. The use of these infinitives with possessive endings is shown below.

בְּשָׁמְרוֹ אֶת הַבַּיִת, הוּא זָכַר אֶת אָבִיו.

While he guarded the house, he remembered his father.

בְּשָׁמְרְךָ אֶת הַבַּיִת, זָכַרְתָּ אֶת אָבִיךָ.

While you guarded the house, you remembered your father.

We will not use these forms in the exercises or in the prayerbook selections.

Exercises

1. Translate the following verb forms into English. This is a review of the most important verb forms that you have learned.

1. אוֹהֵב, אֹמֵר, בּוֹרֵא, הֹלֵךְ, זוֹכֵר, יוֹצֵר, נֹתֵן
2. שׁוֹמֶרֶת, מֹלֶכֶת, בּוֹטַחַת, כּוֹתֶבֶת, שֹׁמַעַת, גּוֹאֶלֶת
3. יוֹדְעִים, מֹצְאִים, חוֹטְאִים, סֹלְחִים, עוֹזְרִים
4. יָשַׁבְתִּי, גָּאַלְתִּי, מָצָאתִי, יָדַעְתִּי, בָּחַרְתִּי, אָמַרְתִּי
5. אָהַבְתָּ, זָכַרְתָּ, בָּטַחְתָּ, כָּתַבְתָּ, עָזַרְתָּ, כָּרַעְתָּ
6. שָׁמַרְתְּ, זָכַרְתְּ, אָהַבְתְּ, יָדַעְתְּ, אָמַרְתְּ, עָזַרְתְּ, כָּתַבְתְּ
7. נָתַן, שָׁמַע, עָשָׂה, אָמַר, יָצַר, בָּרָא, מָצָא, הָיָה
8. אָמְרָה, יָדְעָה, בָּטְחָה, שָׁמְעָה, הָלְכָה, עָזְרָה, כָּתְבָה
9. אָהַבְנוּ, שָׂמַחְנוּ, זָכַרְנוּ, בָּחַרְנוּ, מָצָאנוּ, סָלַחְנוּ
10. שְׁמַרְתֶּם, מְלַכְתֶּם, בְּטַחְתֶּם, כְּתַבְתֶּם, שְׂמַחְתֶּם, שְׁמַעְתֶּם
11. הָלְכוּ, זָכְרוּ, עָשׂוּ, אָמְרוּ, הָיוּ, יָשְׁבוּ, יָדְעוּ
12. אֶזְכֹּר, אֶשְׁמַע, אֶשְׁמֹר, אֶסְלַח, אֶכְתֹּב, אֶבְטַח, אֶכְרַע
13. תִּשְׁמֹר, תִּכְתֹּב, תִּשְׁמַע, תִּבְטַח, תִּמְלֹךְ, תִּזְכֹּר, תִּגְאַל
14. יִזְכֹּר, יִכְרַע, יִשְׁבֹּת, יִסְלַח, יֹאמַר, יַעֲשֶׂה, יִכְתֹּב
15. נִשְׁמַע, נִמְלֹךְ, נִכְתֹּב, נִמְצָא, נִשְׁמֹר, נִזְכֹּר, נִמְחַל
16. תִּשְׁמְרוּ, תִּבְחֲרוּ, תִּמְלְכוּ, תִּכְתְּבוּ, תִּסְלְחוּ, תִּשְׂמְחוּ
17. יִזְכְּרוּ, יִשְׁמְרוּ, יִכְרְעוּ, יִשְׂמְחוּ, יִשְׁמְעוּ, יַעֲשׂוּ
18. זְכֹר, בְּטַח, דַּע, שְׁמֹר, שְׁמַע, עֲשֵׂה, מְלֹךְ, סְלַח
19. אִמְרוּ, שִׁמְרוּ, סִלְחוּ, זִכְרוּ, שִׁמְעוּ, כִּתְבוּ, בַּחֲרוּ
20. לִזְכֹּר, לִמְלֹךְ, לָדַעַת, לִסְלֹחַ, לִשְׁמֹעַ, לַחֲטֹא, לַעֲשׂוֹת

2. Using the chart on page 240 as a guide, write the verb מ.ל.ך in all the forms shown on the chart. Translate each form.

3. Translate the following sentences with infinitives into English.

1. בָּחַרְנוּ בּוֹ לִמְלֹךְ עָלֵינוּ בְּעֵת צָרָה.
הֵם בּוֹחֲרִים בָּנוּ לִשְׁמֹר אֶת הַבַּיִת הֶחָדָשׁ.
אֶבְחַר בְּרָחֵל לַעֲשׂוֹת אֶת הַבְּרָכוֹת בְּרֹאשׁ הַשָּׁנָה.
הֵם בָּחֲרוּ בַּגּוֹי הַזֶּה לִזְכֹּר אֶת דִּבְרֵיהֶם.

2. טוֹב לִבְטֹחַ בְּרוּחַ הַקֹּדֶשׁ.
טוֹב בְּעֵינֵינוּ לִשְׁמֹעַ אֶת קוֹל הַנְּבִיאִים.
טוֹב לְךָ לִשְׂמֹחַ עִם רִבְקָה אִמֶּךָ.
טוֹב לָתֵת תִּפְאֶרֶת לְזֶרַע אַבְרָהָם.

3. עָלַי לִזְכֹּר אֶת הַגּוֹי הַזֶּה כִּי הוּא בְּצָרָה גְּדוֹלָה.
עָלֵינוּ לִכְתֹּב אֶת הַדְּבָרִים הָאֵלֶּה עַל שַׁעֲרֵי הָעִיר.
עָלֶיךָ לָדַעַת כִּי הַיּוֹם הוּא רֹאשׁ הַשָּׁנָה.
עֲלֵיהֶם לִסְלֹחַ לָאֲנָשִׁים אֲשֶׁר חָטְאוּ.

4. Translate the following vocabulary review sentences into English.

1. הָעָם הַזֶּה יוֹשֵׁב בְּיִשְׂרָאֵל וְהַגּוֹי הַהוּא הוֹלֵךְ בַּדֶּרֶךְ אֶל אֶרֶץ מִצְרַיִם.
2. רִבְקָה בָּחֲרָה בְּיִצְחָק וְהִיא אָהֲבָה אוֹתוֹ בְּכָל עֵת.
3. אַבְרָהָם יַעֲשֶׂה אֶת בִּרְכוֹת הַתּוֹרָה מְהֵרָה הַיּוֹם.
4. וַיֹּאמֶר מֹשֶׁה לְאִמּוֹ וּלְאָבִיו לֵאמֹר: "זֹאת אַרְצִי, וְשָׁמַרְתִּי אֹתָהּ מִבֹּקֶר עַד לַיְלָה."
5. אֵלֶּה הַדְּבָרִים אֲשֶׁר אַתָּה תִּמְצָא בְּסֵפֶר תְּפִלּוֹת.
6. לֵאָה תִּשְׁמֹר עַל בָּנֶיהָ וּבְנוֹתֶיהָ בְּאַהֲבָה רַבָּה.

7. סְלַח לָאֲנָשִׁים עַל הַחֲטָאִים שֶׁהֵם חָטְאוּ.
8. אֶחָד מִי יוֹדֵעַ? אֶחָד אֲנִי יוֹדֵעַ.
9. שָׂרָה עוֹשָׂה אֶת הַלֶּחֶם לְמִשְׁפַּחְתָּהּ בְּרֹאשׁ הַשָּׁנָה.
10. הַמֶּלֶךְ בָּטַח בַּעֲבָדָיו הַחֲדָשִׁים, כִּי הֵם כָּרְעוּ לוֹ.
11. עָלֵינוּ לִזְכֹּר אֶת יְצִיאַת מִצְרַיִם בִּזְמַן חַג הַמַּצּוֹת.
12. הָאֲדָמָה הַזֹּאת קְדוֹשָׁה, וְהָאִישׁ הָלַךְ עָלֶיהָ בְּיִרְאָה.
13. אָמַר הַנָּבִיא: "גְּאַל אֶת הָעִיר מִידֵי הָרְשָׁעִים."
14. תָּמִיד רָחֵל תִּשְׁמֹר אֶת בֵּיתָהּ בְּחֶסֶד וּבְרַחֲמִים.
15. עָלֵינוּ לִשְׁמֹעַ אֶת הַמִּצְוֹת וְלַעֲשׂוֹת אֹתָן תָּמִיד.
16. וַתִּמְצְאוּ חֵן בְּעֵינֵינוּ כִּי עֲזַרְתֶּם לָנוּ בְּעֵת צָרָה.
17. בְּעֶרֶב רֹאשׁ הַשָּׁנָה הָלַכְנוּ לְבֵית אָבִינוּ לְאוֹת אַהֲבָתֵנוּ לוֹ, וְאָמַרְנוּ לוֹ "לְשָׁנָה טוֹבָה!"
18. אֵין שָׁלוֹם בֵּין דּוֹרֵנוּ וּבֵין דּוֹר אָבִינוּ.
19. לִבּוֹ הָיָה רַע וְכָל דָּבָר שֶׁהוּא עָשָׂה הָיָה רַע.
20. טוֹב לָנוּ לִשְׁמֹר אֶת קְדֻשַּׁת הַשַּׁבָּת, וְאֶת תִּפְאַרְתָּהּ.
21. תִּשְׁבֹּת מִמְּלַאכְתֶּךְ, וְיָשַׁבְתָּ בְּשִׂמְחָה בַּמָּקוֹם הַזֶּה.
22. נַפְשִׁי תִּזְכֹּר אֶת הַמַּלְאָךְ אֲשֶׁר בָּחַר בִּי לַעֲשׂוֹת אֶת רְצוֹן הַמֶּלֶךְ.
23. וַיְהִי דָּוִד צוּר וּמָגֵן לְצִבְאוֹת יִשְׂרָאֵל, וַיַּעֲשׂוּ כֻּלָּם בְּרִית עוֹלָם.
24. וְנָתְנוּ בְּנֵי צִיּוֹן עֶזְרָה לָאִישׁ הַנֶּאֱמָן וְהוּא יַעֲשֶׂה צְדָקָה לְזַרְעָם.
25. לַגִּבּוֹרִים הָיְתָה גְּדֻלָּה, וְעָזָם הָיָה נוֹרָא, וְהָיָה לָהֶם שֵׁם גָּדוֹל בָּאָרֶץ.

5. Translate the following phrases from the prayerbook.

1. אַתָּה אֶחָד וְשִׁמְךָ אֶחָד, וּמִי כְּעַמְּךָ יִשְׂרָאֵל,
גּוֹי אֶחָד בָּאָרֶץ?

2. כִּי בְשֵׁם קָדְשְׁךָ הַגָּדוֹל וְהַנּוֹרָא בָּטָחְנוּ

3. וְשָׁמְרוּ בְנֵי יִשְׂרָאֵל אֶת הַשַּׁבָּת, לַעֲשׂוֹת אֶת הַשַּׁבָּת
לְדֹרֹתָם בְּרִית עוֹלָם

4. כִּי בוֹ שָׁבַת מִכָּל מְלַאכְתּוֹ אֲשֶׁר בָּרָא אֱלֹהִים לַעֲשׂוֹת

5. עָלֵינוּ . . .לָתֵת גְּדֻלָּה לְיוֹצֵר בְּרֵאשִׁית, שֶׁלֹּא עָשָׂנוּ
כְּגוֹיֵי הָאֲרָצוֹת

6. עֲשֵׂה לְמַעַן שְׁמֶךָ . . ., עֲשֵׂה לְמַעַן קְדֻשָּׁתֶךָ,
עֲשֵׂה לְמַעַן תּוֹרָתֶךָ

7. וְצוּר . . .בְּעֵת צָרָה

8. עֶזְרַת אֲבוֹתֵינוּ אַתָּה הוּא מֵעוֹלָם,
מָגֵן . . . לִבְנֵיהֶם . . .בְּכָל דּוֹר וָדוֹר

9. מִמִּצְרַיִם גְּאַלְתָּנוּ, יְיָ אֱלֹהֵינוּ, וּמִבֵּית עֲבָדִים

10. עַל כָּל הַחֶסֶד אֲשֶׁר עָשִׂיתָ . . .עִמִּי וְעִם כָּל בְּנֵי
בֵיתִי . . .בְּנֵי בְרִיתִי; וּבְרוּכִים הֵם מַלְאָכֶיךָ
הַקְּדוֹשִׁים . . .שֶׁעוֹשִׂים רְצוֹנֶךָ

11. וּמָצָאתָ אֶת לְבָבוֹ נֶאֱמָן לְפָנֶיךָ . . .עִמּוֹ הַבְּרִית
לָתֵת אֶת אֶרֶץ . . .לָתֵת לְזַרְעוֹ

12. בָּרוּךְ יְיָ בַּיּוֹם, בָּרוּךְ יְיָ בַּלָּיְלָה; . . .כִּי בְיָדְךָ
נַפְשׁוֹת הַחַיִּים . . .אֲשֶׁר בְּיָדוֹ נֶפֶשׁ. . .
וְרוּחַ כָּל. . .אִישׁ.

13. סְלַח לָנוּ אָבִינוּ כִּי חָטָאנוּ, מְחַל לָנוּ מַלְכֵּנוּ . . .
כִּי מוֹחֵל וְסוֹלֵחַ אַתָּה

For English translations, see pages 249–253.

A Complete Verb Pattern

You have now learned all the forms of the Hebrew verb: participle, past tense, future tense, command forms, and infinitive. To help you review, and to give you a chance to celebrate all that you have learned, the chart on the next page shows all the forms of the verb.

All the verbs that you have learned, and many other verbs, follow this same pattern (with some variations). It is by far the most common and most important Hebrew verb pattern. But you may have already noticed that there are many important verbs in the prayerbook that do not follow this pattern. In fact, there are <u>six</u> other verb patterns in Hebrew.

These patterns are similar in many ways to the pattern you have learned. They have the same kinds of forms (participle, past tense, future tense, command forms, and infinitive); they are formed by adding vowels and additional letters to verb roots; and they are used in sentences in similar ways.

It is beyond the scope of this book to introduce these other verb patterns, as well as many other important features of the Hebrew language.

On page 264 you will find suggestions for further study.

ש.מ.ר

guard

Command		Participle	
guard! *m sg*	שְׁמֹר	guarding *m sg*	שׁוֹמֵר
guard! *f sg*	שִׁמְרִי	guarding *f sg*	שׁוֹמֶרֶת
guard! *m pl*	שִׁמְרוּ	guarding *m pl*	שׁוֹמְרִים
guard! *f pl*	שְׁמֹרְנָה	guarding *f pl*	שׁוֹמְרוֹת

Future		Past	
I will guard	אֶשְׁמֹר	I guarded	שָׁמַרְתִּי
you will guard *m sg*	תִּשְׁמֹר	you guarded *m sg*	שָׁמַרְתָּ
you will guard *f sg*	תִּשְׁמְרִי	you guarded *f sg*	שָׁמַרְתְּ
he will guard	יִשְׁמֹר	he guarded	שָׁמַר
she will guard	תִּשְׁמֹר	she guarded	שָׁמְרָה
we will guard	נִשְׁמֹר	we guarded	שָׁמַרְנוּ
you will guard *m pl*	תִּשְׁמְרוּ	you guarded *m pl*	שְׁמַרְתֶּם
you will guard *f pl*	תִּשְׁמֹרְנָה	you guarded *f pl*	שְׁמַרְתֶּן
they will guard *m*	יִשְׁמְרוּ	they guarded *m*	שָׁמְרוּ
they will guard *f*	תִּשְׁמֹרְנָה	they guarded *f*	שָׁמְרוּ

Infinitive

to guard לִשְׁמֹר

Guided Reading

The guided reading for this chapter is the entire Aleinu, recited at the end of every service.

The Aleinu

1. It is upon us (we must) to praise the lord of all, to give greatness to the one who shapes creation,	to praise לְשַׁבֵּחַ עָלֵינוּ לְשַׁבֵּחַ לַאֲדוֹן הַכֹּל, לָתֵת גְּדֻלָּה לְיוֹצֵר בְּרֵאשִׁית,
2. who did not make us like the nations of the lands, and did not place us like the families of the earth;	he made us עָשָׂנוּ he placed us, he set us שָׂמָנוּ שֶׁלֹּא עָשָׂנוּ כְּגוֹיֵי הָאֲרָצוֹת, וְלֹא שָׂמָנוּ כְּמִשְׁפְּחוֹת הָאֲדָמָה;
3. who did not place our portion like them,	he placed, he set שָׂם portion חֵלֶק like them כָּהֶם שֶׁלֹּא שָׂם חֶלְקֵנוּ כָּהֶם,
4. and (or) our lot like all their multitude.	lot גּוֹרָל multitude הָמוֹן וְגוֹרָלֵנוּ כְּכָל הֲמוֹנָם.

5. And we bend the knee and bow and give thanks before the king of the kings of the kings, the holy one, blessed is he,	bow (are bowing) מִשְׁתַּחֲוִים give thanks (are giving thanks) מוֹדִים וַאֲנַחְנוּ כּוֹרְעִים וּמִשְׁתַּחֲוִים וּמוֹדִים לִפְנֵי מֶלֶךְ מַלְכֵי הַמְּלָכִים, הַקָּדוֹשׁ בָּרוּךְ הוּא,
6. that he stretches out (the) heavens and founds (the) earth,	stretches out נוֹטֶה founds יוֹסֵד שֶׁהוּא נוֹטֶה שָׁמַיִם וְיוֹסֵד אָרֶץ,
7. and the seat of his honor is in the heavens above,	seat מוֹשַׁב honor יְקָר above מִמַּעַל וּמוֹשַׁב יְקָרוֹ בַּשָּׁמַיִם מִמַּעַל,
8. and the abode of his strength is in the heights of (the) high places.	abode שְׁכִינָה heights גָּבְהִים high places מְרוֹמִים וּשְׁכִינַת עֻזּוֹ בְּגָבְהֵי מְרוֹמִים.
9. He is our God, there is none else;	else עוֹד הוּא אֱלֹהֵינוּ, אֵין עוֹד;
10. (in) truth (he is) our king, there is none except for him,	none אֶפֶס except for him זוּלָתוֹ אֱמֶת מַלְכֵּנוּ, אֶפֶס זוּלָתוֹ,

11. as it is written in his Torah: "You will know today, and bring (it) back to your heart,	it is written כַּכָּתוּב you will bring back וַהֲשֵׁבֹתָ כַּכָּתוּב בְּתוֹרָתוֹ: וְיָדַעְתָּ הַיּוֹם וַהֲשֵׁבֹתָ אֶל לְבָבֶךָ,
12. that the Lord is God in the heavens above and on the earth below, there is none else."	below מִתָּחַת כִּי יְיָ הוּא הָאֱלֹהִים בַּשָּׁמַיִם מִמַּעַל וְעַל הָאָרֶץ מִתָּחַת, אֵין עוֹד.
13. Therefore we will hope for (in) you, Lord our God, to see quickly the glory of your strength,	therefore עַל כֵּן we will hope נְקַוֶּה to see (בְּ־) לִרְאוֹת עַל כֵּן נְקַוֶּה לְךָ, יְיָ אֱלֹהֵינוּ, לִרְאוֹת מְהֵרָה בְּתִפְאֶרֶת עֻזֶּךָ,
14. to remove idols from the land,	to remove לְהַעֲבִיר idols גִּלּוּלִים לְהַעֲבִיר גִּלּוּלִים מִן הָאָרֶץ,
15. and the false gods will be exterminated;	false gods אֱלִילִים will be exterminated כָּרוֹת יִכָּרֵתוּן וְהָאֱלִילִים כָּרוֹת יִכָּרֵתוּן;
16. to set (the) world in order in the kingdom of the Almighty,	to set in order לְתַקֵּן the Almighty שַׁדַּי לְתַקֵּן עוֹלָם בְּמַלְכוּת שַׁדַּי,

17. and all the children of flesh will call on your name,	בָּשָׂר flesh יִקְרְאוּ they will call וְכָל בְּנֵי בָשָׂר יִקְרְאוּ בִשְׁמֶךָ,
18. to turn to you all (the) evil ones of (the) land.	לְהַפְנוֹת to turn לְהַפְנוֹת אֵלֶיךָ כָּל רִשְׁעֵי אָרֶץ.
19. All the dwellers of (the) world will recognize and know	יַכִּירוּ they will recognize יֵדְעוּ they will know תֵּבֵל world יַכִּירוּ וְיֵדְעוּ כָּל יוֹשְׁבֵי תֵבֵל,
20. that to you every knee will bow, every tongue will swear allegiance.	בֶּרֶךְ knee תִּשָּׁבַע it will swear allegiance לָשׁוֹן tongue כִּי לְךָ תִּכְרַע כָּל בֶּרֶךְ, תִּשָּׁבַע כָּל לָשׁוֹן.
21. Before you, Lord our God, they will bend the knee and fall down, and to the glory of your name they will give honor,	יִפֹּלוּ they will fall down יְקָר honor יִתֵּנוּ they will give לְפָנֶיךָ, יְיָ אֱלֹהֵינוּ, יִכְרְעוּ וְיִפֹּלוּ, וְלִכְבוֹד שִׁמְךָ יְקָר יִתֵּנוּ,

22. and they will all accept the yoke of your kingdom, and you will (may you) rule over them quickly, forever and ever;	they will accept יְקַבְּלוּ yoke עֹל וִיקַבְּלוּ כֻלָּם אֶת עֹל מַלְכוּתֶךָ, וְתִמְלוֹךְ עֲלֵיהֶם מְהֵרָה לְעוֹלָם וָעֶד;
23. for the kingdom is yours, and forever you will rule in glory,	yours שֶׁלְּךָ forever לְעוֹלְמֵי עַד כִּי הַמַּלְכוּת שֶׁלְּךָ הִיא, וּלְעוֹלְמֵי עַד תִּמְלוֹךְ בְּכָבוֹד,
24. as it is written in your Torah: "The Lord will rule forever and ever."	it is written כָּתוּב כַּכָּתוּב בְּתוֹרָתֶךָ: יְיָ יִמְלֹךְ לְעֹלָם וָעֶד.
25. And it is said: "The Lord will be king over all the earth; on that day the Lord shall be one, and his name one."	it is said נֶאֱמַר וְנֶאֱמַר: וְהָיָה יְיָ לְמֶלֶךְ עַל כָּל הָאָרֶץ; בַּיּוֹם הַהוּא יִהְיֶה יְיָ אֶחָד וּשְׁמוֹ אֶחָד.

Here is the entire <u>Aleinu</u> in Hebrew.

עָלֵינוּ לְשַׁבֵּחַ לַאֲדוֹן הַכֹּל, לָתֵת גְּדֻלָּה לְיוֹצֵר בְּרֵאשִׁית,
שֶׁלֹּא עָשָׂנוּ כְּגוֹיֵי הָאֲרָצוֹת, וְלֹא שָׂמָנוּ כְּמִשְׁפְּחוֹת
הָאֲדָמָה; שֶׁלֹּא שָׂם חֶלְקֵנוּ כָּהֶם, וְגֹרָלֵנוּ כְּכָל הֲמוֹנָם.
וַאֲנַחְנוּ כּוֹרְעִים וּמִשְׁתַּחֲוִים וּמוֹדִים לִפְנֵי מֶלֶךְ
מַלְכֵי הַמְּלָכִים, הַקָּדוֹשׁ בָּרוּךְ הוּא, שֶׁהוּא נוֹטֶה
שָׁמַיִם וְיוֹסֵד אָרֶץ, וּמוֹשַׁב יְקָרוֹ בַּשָּׁמַיִם מִמַּעַל,
וּשְׁכִינַת עֻזּוֹ בְּגָבְהֵי מְרוֹמִים. הוּא אֱלֹהֵינוּ, אֵין
עוֹד; אֱמֶת מַלְכֵּנוּ, אֶפֶס זוּלָתוֹ, כַּכָּתוּב בְּתוֹרָתוֹ:
וְיָדַעְתָּ הַיּוֹם וַהֲשֵׁבֹתָ אֶל לְבָבֶךָ, כִּי יְיָ הוּא הָאֱלֹהִים
בַּשָּׁמַיִם מִמַּעַל וְעַל הָאָרֶץ מִתָּחַת, אֵין עוֹד.

עַל כֵּן נְקַוֶּה לְּךָ, יְיָ אֱלֹהֵינוּ, לִרְאוֹת מְהֵרָה
בְּתִפְאֶרֶת עֻזֶּךָ, לְהַעֲבִיר גִּלּוּלִים מִן הָאָרֶץ, וְהָאֱלִילִים
כָּרוֹת יִכָּרֵתוּן לְתַקֵּן עוֹלָם בְּמַלְכוּת שַׁדַּי, וְכָל בְּנֵי
בָשָׂר יִקְרְאוּ בִשְׁמֶךָ, לְהַפְנוֹת אֵלֶיךָ כָּל רִשְׁעֵי אָרֶץ.
יַכִּירוּ וְיֵדְעוּ כָּל יוֹשְׁבֵי תֵבֵל, כִּי לְךָ תִּכְרַע כָּל בֶּרֶךְ,
תִּשָּׁבַע כָּל לָשׁוֹן. לְפָנֶיךָ, יְיָ אֱלֹהֵינוּ, יִכְרְעוּ וְיִפֹּלוּ,
וְלִכְבוֹד שִׁמְךָ יְקָר יִתֵּנוּ, וִיקַבְּלוּ כֻלָּם אֶת עֹל מַלְכוּתֶךָ,
וְתִמְלוֹךְ עֲלֵיהֶם מְהֵרָה לְעוֹלָם וָעֶד; כִּי הַמַּלְכוּת שֶׁלְּךָ
הִיא, וּלְעוֹלְמֵי עַד תִּמְלוֹךְ בְּכָבוֹד, כַּכָּתוּב בְּתוֹרָתֶךָ:
יְיָ יִמְלֹךְ לְעֹלָם וָעֶד. וְנֶאֱמַר: וְהָיָה יְיָ לְמֶלֶךְ עַל כָּל
הָאָרֶץ; בַּיּוֹם הַהוּא יִהְיֶה יְיָ אֶחָד וּשְׁמוֹ אֶחָד.

Chapter 9: Page 83

"There is none like our God; there is none like our Lord;
there is none like our King; there is none like our Savior.
"Who is like our God? Who is like our Lord? Who is like our
King? Who is like our Savior?
"We will give thanks to our God; we will give thanks to our
Lord; we will give thanks to our King; we will give thanks to
our Savior.
"Blessed is our God; blessed is our Lord; blessed is our King;
blessed is our Savior.
"You are our God; You are our Lord; You are our King; You
are our Savior."
Gates of Prayer, Central Conference of American Rabbis, 1975, p. 731

Chapter 10: Page 96

"Blessed be the name of his glorious majesty forever and
ever."
Daily Prayer Book, Birnbaum, 1977, p. 76

"Blessed be the glory of the Lord from his abode."
Daily Prayer Book, Birnbaum, 1977, p. 74

". . . the Torah of life, lovingkindness and righteousness,
blessing and mercy, life and peace."
Sabbath and Festival Prayer Book, Rabbinical Assembly of America, 1973,
p. 101

Chapter 11: Page 110

"Blessed art thou, Lord our God and God of our fathers, God
of Abraham, God of Isaac and God of Jacob; great, mighty,
and revered God, sublime God, who bestowest lovingkindness,
and art Master of all things, who rememberest the good
deeds of our fathers . . . "
Daily Prayer Book, Birnbaum, 1977, p. 265

Chapter 12: Page 123

"Who is like unto thee, O Lord, among the mighty? Who is like unto thee, glorious in holiness . . . ?"
Daily Prayer Book, Hertz, 1975, p. 129

"Peace be with you, ministering angels, angels of the Most High, the supreme King of kings, the Holy One, blessed be he.
"May your coming be in peace, messengers of peace, angels of the Most High, the supreme King of kings, the Holy One, blessed be he.
"Bless me with peace, messengers of peace, angels of the Most High, the supreme King of kings, the Holy One, blessed be he.
"May your departure be in peace, messengers of peace, angels of the Most High, the supreme King of kings, the Holy One, blessed be he."
Daily Prayer Book, Birnbaum, 1977, p. 284

Chapter 13: Page 135

"Bless the Lord who is blessed."
"Blessed be the Lord who is blessed forever and ever."
"Blessed art thou, Lord our God, King of the Universe, who hast chosen us from all peoples, and hast given us thy Torah. Blessed art thou, O Lord, Giver of the Torah."

"Blessed art thou, Lord our God, King of the universe, who hast given us the Torah of truth, and hast planted everlasting life in our midst. Blessed art thou, O Lord, Giver of the Torah."
Daily Prayer Book, Birnbaum, 1977, p. 370

Chapter 14: Page 147

"The children of Israel shall keep the Sabbath, observing the Sabbath throughout their generations as an everlasting covenant. It is a sign between me and the children of Israel forever, that in six days the Lord made the heavens and the earth, and on the seventh day he ceased from work and rested."
Daily Prayer Book, Birnbaum, 1977, p. 264

Prayerbook Phrase Translations

Chapter 8: Page 70
1. and you are giving
2. the great king
3. he is holy
4. great love
5. a generation and a generation (generation after generation)
6. good kindnesses
7. his people Israel
8. and this is the Torah
9. you are a great and holy king
10. you are holy and your name is holy
11. making great lights
12. and his name is one

Chapter 9: Page 82
1. on your heart
2. from eternity is your name
3. you are from eternity
4. in your name in truth
5. making peace
6. and upon the land
7. from the earth
8. in truth you are blessed
9. from upon the good land
10. the (one who) is saying and doing
11. upon your people Israel
12. Torah to his people Israel
13. with the Torah and with Moses and with Israel his people
14. on (for) the Torah and on (for) the day of the Sabbath (Sabbath day)

Chapter 10: Page 95
1. lord of worlds
2. the king of the universe
3. Torah of truth
4. for the exodus of Egypt
5. the shield of Abraham
6. the glory of his name
7. and for the glory of the Torah
8. to Zion in compassion
9. your people Israel with compassion
10. to Israel a covenant of eternity
11. a king loving righteousness
12. to a good life
13. your people the house of Israel
14. upon your people, your blessing
15. and on the day of the Sabbath
16. and on the day of the festival of the matzot

Chapter 11: Page 109
1. glory to his name
2. creating holy ones
3. in every day
4. with all your heart
5. upon your heart
6. upon your hand
7. with all your heart
8. upon your hand
9. from the land of Egypt
10. with the hand of Moses
11. for the sake of your Torah
12. to a man of kindness
13. giving to (the) evil one evil
14. in the words of Torah
15. today and every day
16. upon Isaac his son
17. upon the hands of Moses
18. upon the hand
19. with the children of Israel
20. and people of the name
21. all the earth is his glory
22. the words of your Torah with love
23. to your great name in truth
24. as the days of the heaven upon the earth
25. before the children of Israel
26. and to the worlds of (the) worlds
27. for a king over all the earth
28. the king of the kings of the kings
29. and remembering the kindnesses of (the) fathers
30. for the sake of his name with love
31. and upon all Israel your people
32. Abraham, Isaac, and Israel
33. and (they are) saying. . . every day
34. with all the peoples of the land
35. what is our kindness
36. he is a son of (the) covenant
37. your name in your world
38. before. . . his glory
39. from your people. . . and from your land
40. my heart is in your Torah
41. you are he. . . in the heavens and on the earth and in the heavens of the heavens
42. we are your people, the children of your covenant, the children of Abraham
43. my covenant Jacob. . . my covenant Isaac. . . my covenant Abraham

Chapter 12: Page 122
1. in the lands of the life
2. the keepers of the Sabbath
3. lord of the universe
4. guarder of Israel
5. rememberer of the covenant
6. for the exodus from Egypt
7. the one who chooses the Torah and Moses
8. and in the kingdom of the house of David
9. there is not to us a king (we have no king)
10. in every generation and generation (in generation after generation)
11. and we are Israel his people
12. to all the ones trusting in your name in truth
13. his kingdom is the kingdom of all worlds
14. to you all the evil ones of the land
15. and your great and holy name upon us
16. kindness and compassion before his glory
17. the one choosing his people Israel with love
18. who is like you, father of compassion?
19. upon your people Israel in your peace
20. all your people the house of Israel before you
21. peace upon us and upon all Israel
22. upon us in your Torah upon (by) the hands of Moses
23. who is this king of the glory
24. the God, the great and holy king in the heaven and in the earth
25. before the king of the kings of the kings, the holy one, blessed is he
26. we and all your people the house of Israel for a good life and for peace

Chapter 13: Page 134
1. the one choosing the Torah, and Moses his servant, and Israel his people, and the prophets of the truth.
2. He gave Torah to his people Israel in his holiness
3. creating day and night
4. with much happiness
5. the holy one, blessed be he, said to Moses
6. in the name of your great holiness. . . we trusted
7. and you chose us from every nation
8. as the days (as long as) the heavens are above the earth
9. a good word. . . forever and ever
10. and from the house of slaves

11. this one to this one (one to another), and he said
12. in you we have trusted
13. and a memorial of all your people, the house of Israel, before you
14. in the light of your face you have given to us. . . a Torah of life and a love of kindness, and righteousness and blessing and compassion and life and peace.
15. for the sake of your holiness. . . for the sake of your Torah
16. a memorial to the Exodus from Egypt. . . you chose us
17. and the Sabbath of his holiness with love
18. the great and holy king in heaven and on earth
19. between day and night
20. (with) a love of eternity you loved the house of Israel your people

Chapter 14: Page 146
1. the king of the universe, who chose good prophets
2. the one choosing the Torah and Moses his servant and Israel his people and the prophets of the truth
3. because it is the house of our life
4. on (for) the Torah,. . . and on (for) the prophets, and on (for) this day of the Sabbath, that you gave us. . . for holiness
5. in (the) book of life, a blessing and peace
6. life of peace, life of good(ness), life of blessing
7. because his kindness is forever
8. who trusted in you
9. making peace and creating everything
10. because you chose us. . . from all the peoples
11. because in the name of your great holiness. . . we trusted
12. Blessed is (he) that gave Torah to his people Israel in his holiness.
13. A day of. . . holiness to your people you gave.
14. bread from the earth
15. because this day is great and holy before you
16. lord of the universe who ruled
17. a Torah of truth he gave to his people. . . by the hand of his prophet
18. giving to (the) evil one evil
19. that he remembers the covenant, that he is good to all, that he is the king of (the) universe

Chapter 15: Page 157
1. (the) land. . . and the dwellers of (in) it
2. your kingdom is (the) kingdom of all worlds
3. the name of his holiness forever and ever
4. blessed is he, who created us for his glory
5. greatness to the shaper of creation, who did not make us. . .
6. because the kingdom is yours (to you)
7. (in) every day, continually, the deed of creation
8. all of them. . . you made
9. he formed good (for) glory to his name
10. continually. . . the glory of God and his holiness
11. light that you made
12. all of them as one. . . saying
13. to the creator of great lights, for his kindness is forever
14. (with) a great love you have loved us
15. the one choosing his people Israel with love
16. Blessed is the name of the glory of his kingdom forever and ever.
17. and you loved. . . with all your heart and with all your soul
18. and you wrote them upon. . . your house
19. with all your heart and with all your soul
20. from upon the good land that. . . (he is) giving to you
21. and you remembered all (the) commandments . . . and you did them
22. and good is. . . this thing upon (for) us forever and ever
23. with great happiness, and they all said: Who is like you in (among) the gods?

Chapter 16: Page 168
In the beginning God created the heaven and the earth.

Chapter 16: Page 169
1. like the families of the earth
2. we do not have a king (who is) a redeemer
3. from Egypt you redeemed us
4. (in) every day, continually, the deed of creation
5. lord over all the deeds
6. for the rememberance of his kingdom
7. and these words were. . . upon your heart
8. and you remembered all (the) commandments
9. with compassion and with favor for our prayer, because. . . (you are) hearing prayers
10. because you hear the prayer of your people Israel with compassion

11. because you. . . are a redeemer (redeeming one)
12. our redeemer. . . his name, the holy one of Israel, . . . he redeemed Israel
13. redeemer to the children of their children for the sake of his name with love
14. our king and our redeemer who creates holy ones
15. and the memorial of Jerusalem, the city of your holiness, and the memorial of all your people the house of Israel before you. . . and for goodness. . . and for kindness and for compassion, and for life and for peace in this day of the festival of the matzot
16. and for Jerusalem your city with compassion
17. (with) a love of eternity you loved the house of Israel your people
18. in the words of your Torah and in your commandments forever and ever
19. and this word. . . is good for us forever and ever
20. for the sake. . . of your days and the days of your children upon the land

Chapter 17: Page 184
1. Yours, Lord, is the greatness. . . and the glory. . . for everything in heaven and on earth (is yours)
2. blessed is the glory of the Lord from his place
3. blessed are you, Lord our God and God of our fathers, God of Abraham, God of Isaac, and God of Jacob, the great and mighty God
4. and his words are life. . . and to worlds of (the) worlds, upon our fathers and upon us, upon our children and upon our generations and upon all the generations. . . of Israel your servants
5. peace, goodness and blessing, grace and kindness and compassion, upon us and upon all Israel your people
6. because in the light of your face you gave to us, Lord our God, a Torah of life and a love of kindness, and righteousness and blessing and compassion, and life and peace
7. There is none like you in (among) the gods, our Lord, and there are no deeds like yours. Your kingdom is a kingdom of all the worlds.
8. because from Zion. . . Torah, and the word of the Lord from Jerusalem
9. upon the Torah,. . . and upon the prophets and upon this day of Sabbath and upon this day of the festival of the matzot, that you gave to us, Lord our God. . . and for happiness, for honor and for glory

Chapter 18: Page 201
1. all of them as one. . . saying. . . holy, holy, holy is the Lord of hosts. . . all the earth is his glory
2. upon our fathers, and upon us, and upon our sons and upon our generations, and upon all the generations of the seed of Israel your servants
3. shield. . . for their sons after them in every generation
4. continually he will rule over us forever and ever
5. and the children of Israel kept the Sabbath. . . a covenant of eternity between me and the children of Israel
6. he will make peace upon us and upon all Israel
7. the rock of Israel. . . our redeemer the Lord of hosts is his name, the holy one of Israel. Blessed are you, Lord, (who) redeemed Israel
8. There is none like you in (among) the gods, our Lord, and there are no deeds like yours, your kingdom is a kingdom of all the worlds. . . in every generation. The Lord is king, the Lord ruled, the Lord will rule forever and ever. The Lord is strength for his people
9. May God remember the soul of my father. . . who went to his eternity
10. May God remember the soul of my mother. . . who went to her eternity
11. For the sake of (so that) you will remember. . . all my commandments, and you were (will be) holy to your God
12. and all will say, "there is no one holy like the Lord."
13. Who is this king of glory? The Lord of hosts—he is the king of glory.
14. from all his work which God created

Chapter 19: Page 214
1. upon (for) the sin that we sinned before you with eyes
2. for the sin that we sinned before you (with) knowing and not knowing
3. for. . . you are forgiving
4. our father our king, we sinned before you
5. rock of our life, shield. . . you are he
6. and he rested. . . from all his work that he did
7. because in it he rested from all his work that he created
8. there was evening and there was morning
9. and he will be in glory

10. all of them as one. . . saying in awe
11. evening and morning, in every day continually. . . with love (the) "Shema" they are saying
12. and you will know today. . . that the Lord is God in the heaven. . . and on the earth
13. the children of Israel will keep the Sabbath
14. between me and the children of Israel it is a sign forever, for. . . the Lord made the heavens and the earth, and. . . rested
15. (the) king (who) helps. . . and is a shield. Blessed are you, Lord, shield of Abraham. You are mighty forever, our Lord
16. you will do all your work
17. the Lord will rule forever, your God, Zion, for generation after generation
18. and it will be. . . (that) you will hear my commandments
19. you will remember all the commandments of the Lord. . . for the sake of (so that) you will remember. . . all my commandments, and you will be holy to your God.

Chapter 20: Page 227
1. Our father our king, hear our voice
2. Our father our king, write us in (the) book of good life
3. Our father our king, do (it) with us for the sake of your name
4. Our father our king, remember us with a good memory before you
5. Our father our king, do (it) for the sake of your abundant compassion
6. Our father our king, do (it) for the sake of your great, mighty and awesome name
7. Our father our king. . . because there are no deeds in us, do with us righteousness and kindness
8. the keepers of the Sabbath will rejoice in your kingdom
9. Remember us for life,. . . and write us in the book of life, for your sake, God
10. There is none like you in (among) the gods, Lord, and there are no deeds like yours. Your kingdom is a kingdom of all eternity.
11. who did not make us like the nations of the earth
12. God remembered his covenant (with) Abraham, Isaac, and Jacob
13. and remember for us, Lord our God, the covenant and the kindness
14. and write for a good life all the children of your covenant
15. he will make peace upon us and upon all Israel, and say Amen

16. our God and God of our fathers, God of Abraham, God of Isaac, and God of Jacob, the great, mighty and awesome God
17. God, faithful king, hear Israel

Chapter 21: Page 238

1. You are one and your name is one, and who is like your people Israel, one nation in the earth?
2. for we trusted in the name of your great and awesome holiness
3. the children of Israel will keep the Sabbath, to do the Sabbath for their generations (as) a covenant of eternity
4. for on it he rested from all his work that God created to do
5. It is upon us (we must). . . to give greatness to the shaper of creation, who did not make us like the nations of the lands
6. do (it) for the sake of your name. . . , do (it) for the sake of your holiness, do (it) for the sake of your Torah

7. and a rock. . . in time of trouble
8. the help of our fathers, you are he forever, a shield. . . for their children. . . in every generation
9. from Egypt you redeemed us, Lord our God, and from the house of slaves
10. on all the kindness that you did. . . with me and with all the children of my house. . . the children of my covenant; and blessed are your holy angels. . . who are doing your will
11. and you will find his heart faithful before you. . . with him is the covenant to give the land. . . to give (it) to his offspring
12. Blessed is the Lord in the day, blessed is the Lord in the night;. . . for in your hand are the souls of the living. . . in whose hand is the soul. . . and spirit of every . . . man
13. Forgive us our father because we have sinned, pardon us our king. . . because you are pardoning and forgiving

Glossary of Supplementary Vocabulary

This is a glossary of words that are given in the prayerbook selections and guided readings but do not appear in the chapter vocabularies. You will find it useful when you are reading these prayers in your prayerbook. It is also a good place to begin learning more vocabulary words: many of these words are quite frequent in the prayerbook. Each word is listed just as it is found in the prayerbook selections or the guided readings.

א

mighty.............................אַדִּיר

then.............................אָז, אֲזַי

I will fear.........................אִירָא

I will sleep.......................אִישָׁן

false gods.......................אֱלִילִים

gods, mighty ones..................אֵלִם

amen..............................אָמֵן

I..................................אָנֹכִי

I will awake.....................אָעִירָה

none...............................אֶפֶס

I will entrust...................אַפְקִיד

I will call.......................אֶקְרָא

ב

your coming.....................בּוֹאֲכֶם

before............................בְּטֶרֶם

without............................בְּלִי

when you walk...............בְּלֶכְתְּךָ

in his heights.................בִּמְרוֹמָיו

ב

when you rise up...............בְּקוּמֶךָ

knee...............................בֶּרֶךְ

bless (command)..................בָּרְכוּ

bless me........................בָּרְכוּנִי

bless us........................בָּרְכֵנוּ

when you sit down.............בְּשִׁבְתְּךָ

when you lie down.............בְּשָׁכְבְּךָ

flesh..............................בָּשָׂר

in our midst...................בְּתוֹכֵנוּ

ג

redeemed ones..................גְּאוּלִים

our redeemer....................גְּאָלֵנוּ

heights..........................גְּבָהִים

power............................גְּבוּרָה

your greatness...................גָּדְלֶךָ

body..............................גְּוִיָּה

bestowing.........................גּוֹמֵל

idols............................גִּלּוּלִים

vine.........................גֶּפֶן, גָּפֶן

lot...............................גֹּרָל

254

ה

brought us .... הִגִּיעָנוּ
majesty .... הוֹד
they gave thanks .... הוֹדוּ
(he) is .... הֹוֶה
Hallelujah! .... הַלְלוּיָהּ
the one who blesses .... הַמְבָרֵךְ
the blessed one .... הַמְּבֹרָךְ
multitude .... הָמוֹן
who brings forth .... הַמּוֹצִיא
they proclaimed (your) kingship .... הִמְלִיכוּ
he gave us as an inheritance הִנְחִילָנוּ
you have given us as an inheritance .... הִנְחַלְתָּנוּ

ו

you will speak of them .... וְדִבַּרְתָּ בָּם
you will bring back .... וַהֲשֵׁבֹתָ
he blessed .... וַיְבָרֶךְ
he finished .... וַיְכַל
they were finished .... וַיְכֻלּוּ
he rested .... וַיִּנָּפַשׁ
you will write them .... וּכְתַבְתָּם
you will bind them .... וּקְשַׁרְתָּם
you will teach them diligently .... וְשִׁנַּנְתָּם

ז

except for him .... זוּלָתוֹ

ח

my pain .... חֶבְלִי
strong .... חָזָק
living .... חַי
portion .... חֵלֶק
his desire .... חֶפְצוֹ
darkness .... חֹשֶׁךְ

ט

frontlets .... טֹטָפֹת

י

they will know .... יֵדְעוּ
Judah .... יְהוּדָה
will praise you .... יְהַלְלוּךָ
founds .... יוֹסֵד
together .... יַחַד
they will recognize .... יַכִּירוּ
sea .... יָם
it will depart .... יָמוּשׁ
they will fall down .... יִפֹּלוּ
creature .... יְצִיר
they will accept .... יְקַבְּלוּ
he will sanctify .... יְקַדֵּשׁ

י

honor .... יְקָר
they will call .... יִקְרְאוּ
they will give .... יִתְּנוּ

כ

like them .... כָּהֵם
cup .... כּוֹס
ending .... כִּכְלוֹת
as it is written .... כַּכָּתוּב
will be exterminated... כָּרוֹת יִכָּרֵתוּן
as .... כְּשֵׁם שֶׁ־
it is written .... כָּתוּב

ל

alone .... לְבַדּוֹ
to bless .... לְבָרֵךְ
to light .... לְהַדְלִיק
to put beside .... לְהַחְבִּירָה
to compare .... לְהַמְשִׁיל
to remove .... לְהַעֲבִיר
to turn .... לְהַפְנוֹת
forever .... לְעוֹלְמֵי עַד
alongside .... לְעֻמַּת
alongside them .... לְעֻמָּתָם
to see .... לִרְאוֹת (בְּ־)
to praise .... לְשַׁבֵּחַ

ל

tongue .... לָשׁוֹן
to set in order .... לְתַקֵּן

מ

your might .... מְאֹדֶךָ
give thanks .... מוֹדִים
seat .... מוֹשָׁב
savior .... מוֹשִׁיעַ
our savior .... מוֹשִׁיעֵנוּ
fullness .... מְלֹא
kingdom .... מַמְלָכָה
above .... מִמַּעַל
refuge .... מָנוֹס
portion .... מְנָת
I command you .... מְצַוְּךָ
they sanctify .... מַקְדִּישִׁים
who sanctifies .... מְקַדֵּשׁ
assemblies .... מִקְרָאִים
height .... מָרוֹם, מְרוֹמִים
they make heard .... מַשְׁמִיעִים
dominion .... מִשְׂרָה
worship .... מִשְׁתַּחֲוִים
below .... מִתַּחַת
exalted .... מִתְנַשֵּׂא
they raise themselves .... מִתְנַשְּׂאִים

נ

glorious .... נֶאְדָּר

declaration .... נְאֻם

it is said .... נֶאֱמַר

was created .... נִבְרָא

we will declare .... נַגִּיד

we will thank .... נוֹדֶה

stretches out .... נוֹטֶה

he planted .... נָטַע

miracle, sign .... נֵס, נִסִּים

my flag .... נִסִּי

was made .... נַעֲשָׂה

endurance .... נֵצַח

eternity .... נֵצַח נְצָחִים

we will sanctify .... נְקַדֵּשׁ

we will make holy .... נַקְדִּישׁ

we will hope .... נְקַוֶּה

was called .... נִקְרָא

light, candle .... נֵר

ס

Selah .... סֶלָה

ע

else .... עוֹד

yoke .... עֹל

highest .... עֶלְיוֹן

ע

therefore .... עַל כֵּן

they answered .... עָנוּ

he made us .... עָשָׂנוּ

פ

deliver! .... פְּדֵה

our mouth .... פִּינוּ

wonder .... פֶּלֶא

fruit .... פְּרִי

צ

your departure .... צֵאתְכֶם

he commanded us .... צִוָּנוּ

ק

he sanctified us .... קִדְּשָׁנוּ

you sanctified .... קִדַּשְׁתָּ

arise! .... קוּמָה

master .... קוֹנֵה

sustained us .... קִיְּמָנוּ

he called .... קָרָא

ר

beginning .... רֵאשִׁית

noise .... רַעַשׁ

he was pleased .... רָצָה

ש

they praised	שִׁבְּחוּ
your praise	שִׁבְחֲךָ
seventh	שְׁבִיעִי
who has made us live	שֶׁהֶחֱיָנוּ
grant, put	שִׂים
song	שִׁירָה
abode	שְׁכִינָה
yours	שֶׁלְּךָ
he placed, he set	שָׂם
he placed us, he set us	שָׂמָנוּ
second	שֵׁנִי
hour	שָׁעָה
shore	שָׂפָה
Seraphim	שְׂרָפִים
serving, ministering	שָׁרֵת
sixth	שִׁשִּׁי
six	שֵׁשֶׁת

ת

world	תֵּבֵל
praise	תְּהִלָּה, תְּהִלּוֹת
beginning, first	תְּחִלָּה
end	תַּכְלִית
it will swear allegiance	תִּשָּׁבַע

Grammatical Index

Glossary

א

father *m* .... אָב, אָבוֹת
Abraham .... אַבְרָהָם
lord, master *m* .... אָדוֹן, אֲדוֹנִים
ground, land *f* .... אֲדָמָה
love .... א.ה.ב
love *f* .... אַהֲבָה
loving .... אוֹהֵב
saying .... אוֹמֵר
light *m* .... אוֹר, אוֹרִים
sign *m* or *f* .... אוֹת, אוֹתוֹת
one *m* .... אֶחָד
after, behind .... אַחַר, אַחֲרֵי
there is not .... אֵין
man *m* .... אִישׁ, אֲנָשִׁים
to .... אֶל
these .... אֵלֶּה
mother *f* .... אֵם, אִמָּהוֹת
say .... א.מ.ר
truth *f* .... אֱמֶת
we *m* or *f* .... אֲנַחְנוּ, אָנוּ
I *m* or *f* .... אֲנִי
land, earth *f* .... אֶרֶץ, אֲרָצוֹת
that, which, who .... אֲשֶׁר
you *f* .... אַתְּ, אַתֶּן
you *m* .... אַתָּה, אַתֶּם

ב

in, with .... בְּ־
choosing .... בּוֹחֵר
trusting .... בּוֹטֵחַ
creating .... בּוֹרֵא
choose .... ב.ח.ר
trust .... ב.ט.ח
between, among .... בֵּין
house *m* .... בַּיִת, בָּתִּים
son *m* .... בֵּן, בָּנִים
morning *m* .... בֹּקֶר, בְּקָרִים
create .... ב.ר.א
in the beginning, creation ... בְּרֵאשִׁית
blessed .... בָּרוּךְ
covenant *f* .... בְּרִית
blessing *f* .... בְּרָכָה, בְּרָכוֹת
daughter *f* .... בַּת, בָּנוֹת

ג

redeem .... ג.א.ל
redemption *f* .... גְּאֻלָּה
strong, mighty .... גִּבּוֹר
big, great .... גָּדוֹל
greatness *f* .... גְּדֻלָּה, גְּדוּלָּה
nation, people *m* .... גּוֹי, גּוֹיִם

ד

word, thing *m* .... דָּבָר, דְּבָרִים

David .... דָּוִד

generation *m* .... דּוֹר, דּוֹרוֹת

way, road *m* or *f* .... דֶּרֶךְ, דְּרָכִים

ה

the .... הַ־, הָ־, הֶ־

he, it *m* .... הוּא

going, walking .... הוֹלֵךְ

she, it *f* .... הִיא

be .... ה.י.ה

today .... הַיּוֹם

go, walk .... ה.ל.ך

they *m* .... הֵם

they *f* .... הֵן

ו

and .... וְ־

ז

this *f* .... זֹאת

this *m* .... זֶה

remembering .... זוֹכֵר

remember .... ז.כ.ר

memorial, remembrance *m* .... זֵכֶר

memory, memorial *m* זִכָּרוֹן, זִכְרוֹנוֹת

time, season *m* .... זְמַן, זְמַנִּים

seed, offspring *m* .... זֶרַע

ח

festival *m* .... חַג, חַגִּים

new .... חָדָשׁ

sin .... ח.ט.א

sin *m* .... חֵטְא, חֲטָאִים

life *m* .... חַיִּים

grace, favor *m* .... חֵן

kindness, mercy *m* ...... חֶסֶד, חֲסָדִים

ט

good .... טוֹב

י

hand *f* .... יָד, יָדַיִם

know .... י.ד.ע

day *m* .... יוֹם, יָמִים

forming, shaping .... יוֹצֵר

Jacob .... יַעֲקֹב

Isaac .... יִצְחָק

exodus *f* .... יְצִיאָה

form, shape .... י.צ.ר

awe, fear *f* .... יִרְאָה

sit, dwell .... י.שׁ.ב

Israel .... יִשְׂרָאֵל

כ

like, as .... כְּ־

honor, glory *m* .... כָּבוֹד

that, because .... כִּי

all, every .... כֹּל, כָּל

כ

bow, bend the knee .... כ.ר.ע

write .... כ.ת.ב

ל

to, for .... לְ־

no, not .... לֹא

Leah .... לֵאָה

heart *m*............ לֵב, לֵבָב, לְבָבוֹת

food, bread *m* .... לֶחֶם

night *m*.................. לַיְלָה, לֵילוֹת

for the sake of...................... לְמַעַן

forever and ever........... לְעוֹלָם וָעֶד

before, in front of.................. לִפְנֵי

מ

from .... מִ־, מִן

shield *m* .... מָגֵן

what, how .... מַה, מֶה, מָה

speedily, quickly...... מְהֵרָה, בִּמְהֵרָה

ruling, reigning.................... מוֹלֵךְ

doorpost *f*................ מְזוּזָה, מְזֻזוֹת

pardon, forgive .... מ.ח.ל

who.................................. מִי

angel, messenger *m*.. מַלְאָךְ, מַלְאָכִים

work, task *f*........ מְלָאכָה, מְלָאכוֹת

rule, reign.......................... מ.ל.ך

king *m*.................. מֶלֶךְ, מְלָכִים

kingdom *f*.......... מַלְכוּת, מַלְכֻיּוֹת

מ

Egypt .... מִצְרַיִם

deed, act *m* .... מַעֲשֶׂה, מַעֲשִׂים

find..................................... מ.צ.א

commandment *f* .... מִצְוָה, מִצְוֹת

place *m* .... מָקוֹם, מְקוֹמוֹת

Moses .... מֹשֶׁה

family *f*........... מִשְׁפָּחָה, מִשְׁפָּחוֹת

נ

faithful................................ נֶאֱמָן

prophet *m* .... נָבִיא, נְבִיאִים

awesome .... נוֹרָא

giving .... נוֹתֵן

soul *f*.................... נֶפֶשׁ, נְפָשׁוֹת

breath, spirit *f*......... נְשָׁמָה, נְשָׁמוֹת

give .... נ.ת.ן

ס

forgive .... ס.ל.ח

book *m*.................... סֵפֶר, סְפָרִים

ע

slave, servant *m*......... עֶבֶד, עֲבָדִים

until, as far as......................... עַד

world, eternity *m*...... עוֹלָם, עוֹלָמִים

doing .... עוֹשֶׂה

strength *m* .... עֹז

help .... ע.ז.ר

help *f* .... עֶזְרָה

ע

eye f ... עַיִן, עֵינַיִם

city f ... עִיר, עָרִים

upon, about ... עַל

with ... עִם

people m ... עַם, עַמִּים

evening m ... עֶרֶב, עֲרָבִים

do ... ע.שׂ.ה

time f ... עֵת

פ

face m ... פָּנִים

צ

host, multitude m ... צָבָא, צְבָאוֹת

righteousness f ... צְדָקָה

rock m ... צוּר, צוּרִים

Zion ... צִיּוֹן

trouble, distress f ... צָרָה

ק

holy ... קָדוֹשׁ

holiness f ... קְדוּשָׁה

holiness m ... קֹדֶשׁ

voice, sound m ... קוֹל

ר

head m ... רֹאשׁ, רָאשִׁים

many, much, abundant ... רַב

Rebecca ... רִבְקָה

wind, spirit f ... רוּחַ

ר

Rachel ... רָחֵל

compassion m ... רַחֲמִים

evil, bad ... רַע

will, favor m ... רָצוֹן

wicked, evil ... רָשָׁע

שׁ

that, which, who ... שֶׁ־

cease working, rest ... שׁ.ב.ת

Sabbath f ... שַׁבָּת

guarding, keeping ... שׁוֹמֵר

of ... שֶׁל

peace m ... שָׁלוֹם

name m ... שֵׁם, שֵׁמוֹת

rejoice, be happy ... שׂ.מ.ח

happiness, joy f ... שִׂמְחָה, שְׂמָחוֹת

sky, heaven m ... שָׁמַיִם

hear ... שׁ.מ.ע

guard, keep ... שׁ.מ.ר

year f ... שָׁנָה, שָׁנִים

gate m ... שַׁעַר, שְׁעָרִים

Sarah ... שָׂרָה

ת

Torah f ... תּוֹרָה

continually, always ... תָּמִיד

glory f ... תִּפְאֶרֶת

prayer f ... תְּפִלָּה, תְּפִלּוֹת

Learning to Read Hebrew Words

EKS Publishing, 5336 College Ave., Oakland CA 94618
Teach Yourself to Read Hebrew—Simon

Behrman House, 1261 Broadway, New York NY 10001
Reading Hebrew: A Programmed Instruction Book—Adler

Heinle and Heinle, 29 Lexington Rd., Concord MA 01742
How to Read Hebrew (And Love It!)—Ducoff

KTAV Publishing, 75 Varick St., New York NY 10013
L'Shonee I, Haveri I—Scharfstein
A Reading and Prayer Primer—Persky and Scharfstein

U.A.H.C., 838 Fifth Ave., New York NY 10021
Alef-Bet: A Hebrew Primer—Shumsky

Further Study

There are several good books to give you a more complete and thorough introduction to the details and specifics of Hebrew grammar. These books are written mainly about Biblical Hebrew, but most of the information in them can be applied to the prayerbook.

Simon, et. al. The First Hebrew Primer for Adults. EKS Publishing Co., Oakland CA, 1981. The "next step up" from this book, the Primer is a good way to gain a more complete understanding of Hebrew without too much pain.

Greenberg. Introduction to Hebrew. Prentice-Hall, Inc., Englewood Cliffs NJ, 1965. This is a very good, though somewhat difficult, presentation of Biblical Hebrew grammar. Greenberg takes some time to work through, but the results are worth it.

Lambdin. Introduction to Biblical Hebrew. Charles Scribner's Sons, New York, 1971. A book for those who want to know everything about Biblical Hebrew. It approaches grammar and syntax from an academic, technical point of view that may be difficult to follow.